PALABRAS

de

SABIDURÍA

CLAVES PARA VIVIR
UNA VIDA ABUNDANTE

WorthyLatino.com

Ayudando a conocer el corazón de Dios

ISBN: 978-1-61795-910-3

Este título esta disponible en formato electrónico.

Las ideas de las citas expresadas en el este libro (pero no versículos de la Escritura) no son, en todos los casos, citas exactas, pues algunas han sido editadas por motivo de claridad y brevedad. En todos los casos, el autor ha intentado mantener la intención original del orador. En algunos casos, material citado para este libro fue obtenido de fuentes secundarias, principalmente medios impresos. Aunque se hizo todo el esfuerzo para asegurar la precisión de esas fuentes, no puede quedar garantizada esa precisión. Para realizar adiciones, eliminaciones, correcciones o aclaraciones en futuras ediciones de este texto, por favor diríjanse por escrito a Worthy Latino.

Las citas de la Escritura han sido tomadas de:

La *Santa Biblia, Versión Reina-Valera 1960*, rvr, © 1960 por las Sociedades Bíblicas en América Latina; © renovado 1988 por las Sociedades Bíblicas Unidas. Usadas con permiso.

La *Santa Biblia, Nueva Versión Internacional*, nvi', © 1999 por la Sociedad Bíblica Internacional. Usadas con permiso. Reservados todos los derechos.

La *Santa Biblia, Nueva Traducción Viviente*, ntv, © 2008, 2009 Tyndale House Foundation. Usadas con permiso de Tyndale House Publishers, Inc., Wheaton, Illinois 60189. Todos los derechos reservados.

Edición en español por BookCoachLatino.com

Impreso en los Estados Unidos de América

15 16 17 18 19 VPI 8 7 6 5 4 3 2 1

Introducción

Hay algunos versículos bíblicos que son tan importantes, tan cruciales para la fe, que todo líder cristiano debería saberlos de memoria. Este texto examina algunos de esos versículos. Estas promesas de la Biblia, que probablemente haya oído muchas veces antes, son lo bastante breves y lo bastante fáciles de recordar, para que las sitúe de modo seguro en su base de datos mental de largo plazo. Por lo tanto, ya sea que dirija una pequeña oficina o una empresa de Fortune 500, hágase un favor a usted mismo y a sus compañeros de trabajo: estudie cada versículo y haga todo lo posible para tenerlo permanentemente en su mente y en su corazón. Cuando lo haga, descubrirá que tener la Palabra de Dios en su corazón es incluso mejor que solamente tenerla sobre su estantería, o tener ahí cien libros de texto.

Yo he venido para que tengan vida, y para que la tengan en abundancia.

Juan 10:10, RVR-1960

Los grandes líderes esperan la abundancia de Dios

El capítulo 10 de Juan nos dice que Cristo vino a la tierra para que nuestras vidas pudieran ser llenas de abundancia. Pero ¿qué, exactamente, quiso decir Jesús cuando prometió "vida… en abundancia"? ¿Se estaba refiriendo a las posesiones materiales o a la riqueza económica? No precisamente. Jesús ofrece un tipo diferente de abundancia: una riqueza espiritual que traspasa las fronteras temporales de este mundo.

¿Es la abundancia material parte del plan de Dios para nuestras vidas? Quizá. Pero en cada circunstancia de la vida, durante tiempos de abundancia o tiempos de carencia, Dios nos proveerá lo que necesitamos si confiamos en Él (Mateo 6). Que nosotros, como creyentes, reclamemos las riquezas de Cristo Jesús cada día que vivamos, y que compartamos sus bendiciones con todo aquel que se cruce en nuestro camino.

⤳ Consejo sabio ⤳

Dios quiere derramar abundancia sobre usted y sobre quienes están a su lado; la tarea que a usted le corresponde es permitirle que lo haga.

Dios le ama y quiere que experimente paz y vida: abundante y eterna.

Billy Graham

La única manera de que pueda experimentar vida abundante es rendir sus planes a Él.

Charles Stanley

Personas, lugares y cosas nunca tuvieron intención de darnos vida. Solamente Dios es el autor de una vida satisfactoria.

Gary Smalley y John Trent

Jesús quiere Vida para nosotros, Vida con V mayúscula.

John Eldredge

 ORACIÓN

Padre celestial, gracias por la vida abundante que es mía mediante Cristo Jesús. Guíame según tu voluntad, y ayúdame a ser un siervo digno en todo lo que diga y haga. Dame valentía, Señor, para reclamar las recompensas que has prometido, y cuando lo haga, que la gloria sea para ti. Amén.

¿Aceptaremos sólo las cosas buenas que vienen de la mano de Dios y nunca lo malo?

Job 2:10, NTV

LOS LÍDERES SABIOS APRENDEN A ACEPTAR LAS COSAS QUE NO PUEDEN CAMBIAR

Si es usted como la mayoría de personas, le gusta tener el control. Punto. Quiere que sucedan las cosas según sus deseos y según su calendario. Pero a veces, Dios tiene otros planes… y Él siempre tiene la última palabra. Job entendió la importancia de aceptar la soberanía de Dios en los buenos momentos y en los malos… y usted también debería hacerlo.

El teólogo estadounidense Reinhold Niebuhr compuso un párrafo profundamente sencillo que llegó a conocerse como la Oración de la Serenidad: "Dios, concédeme serenidad para aceptar las cosas que no puedo cambiar, valor para cambiar las que puedo, y sabiduría para reconocer la diferencia". Las palabras de Niebuhr son mucho más fáciles de recitar que de practicar.

¿Está usted amargado por una tragedia personal que no se merecía y no puede entender? Si es así, es momento de hacer las paces con la vida. Es momento de perdonar a otros y, si es necesario, de perdonarse a usted mismo. Es momento de aceptar el pasado inconmovible, de aceptar el valioso presente, y de tener fe en la promesa del mañana. Es momento de confiar en Dios completamente. Y es momento de reclamar la paz, la paz de Él, que puede ser y debería ser de usted.

Por lo tanto, si se ha enfrentado a circunstancias desafortunadas que están por encima de su capacidad de controlar, acepte esas circunstancias… y confíe en Dios. Cuando lo haga, puede ser consolado en el conocimiento de que su Creador es amoroso y sabio, y que entiende sus planes perfectamente, incluso cuando usted no los entiende.

ᏋᎨᏇᏇ CONSEJO SABIO ᏇᏇᎨᏇ

Cuando se encuentre en situaciones que no puede cambiar, debe aprender la sabiduría de la aceptación… y debe aprender a confiar en Dios.

La tarea del mañana es engendrada por la aceptación del presente. Aceptación de lo que, al menos por el momento, no puede usted alterar.

Max Lucado

ᏋᎨᏇᏇ ORACIÓN ᏇᏇᎨᏇ

Señor, cuando esté desalentado, dame esperanza. Cuando sea impaciente, dame paz. Cuando afronte circunstancias que no pueda cambiar, dame un espíritu de aceptación. En todas las cosas, grandes y pequeñas, permite que confíe en ti, amado Señor, sabiendo que tú eres el Dador de vida y el Dador de todo lo bueno, hoy y para siempre. Amén.

...cedores de la palabra, y no tan solamente oidores, enga-
...vosotros mismos.

Santiago 1:22, RVR-1960

LOS LÍDERES ENTENDIDOS SABEN QUE LAS ACCIONES HABLAN MÁS ALTO QUE LAS PALABRAS

El viejo dicho es a la vez familiar y cierto: las acciones hablan más alto que las palabras. Y como creyentes, debemos estar atentos: nuestras acciones siempre deberían dar crédito de los cambios que Cristo puede hacer en las vidas de aquellos que caminan con Él.

Dios nos llama a cada uno de nosotros a actuar de acuerdo con la voluntad de Él y con respeto por sus mandamientos. Si queremos ser creyentes responsables, debemos entender que nunca es suficiente tan sólo con oír las instrucciones de Dios; también debemos vivir por ellas. Y nunca es suficiente con esperar ociosamente mientras que otros hacen la obra de Dios aquí en la tierra: también nosotros debemos actuar. Hacer la obra de Dios es una responsabilidad que cada uno de nosotros debe llevar, y cuando lo hacemos, nuestro amoroso Padre celestial recompensa nuestros esfuerzos con una cosecha abundante.

¿Busca la paz de Dios y sus bendiciones? Entonces debe obedecerlo. Cuando se encuentre con una decisión difícil o una tentación poderosa, busque el consejo de Dios y confíe en el consejo que Él da. Invite a Dios a su corazón y actúe de acuerdo a sus mandamientos. Cuando lo haga, será bendecido hoy, y mañana, y por siempre.

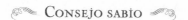

Consejo sabio

Debido a que las acciones siempre hablan más fuerte que las palabras, es siempre un buen momento para dejar que sus acciones hablen por sí mismas.

Haga cosas nobles, no sueñe con ellas durante todo el día.

Charles Kingsley

La lógica no cambiará una emoción, pero la acción sí lo hará.

Zig Ziglar

Pasamos nuestra vida soñando con el futuro, sin darnos cuenta de que una parte de él se nos va cada día.

Barbara Johnson

Nosotros izamos la vela; Dios hace soplar el viento.

Anónimo

Oración

Amado Señor, he oído tu Palabra, y he sentido tu presencia en mi corazón; permíteme que actúe en consecuencia. Que mis palabras y mis obras sirvan como un testimonio de los cambios que tú has hecho en mi vida. Que te alabe, Padre, al seguir los pasos de tu Hijo, y que otros puedan verle a Él por medio de mí. Amén.

Dios es nuestro amparo y nuestra fortaleza, nuestra ayuda segura en momentos de angustia.

Salmos 46:1, NVI

DURANTE LOS MOMENTOS DIFÍCILES, LAS PERSONAS SABIAS CONFÍAN EN DIOS Y SE OCUPAN

Las palabras del Salmo 46:1 prometen que Dios es nuestro refugio, un refugio que todos necesitamos. De vez en cuando, todos nosotros nos enfrentamos a adversidad, desaliento o desengaño. Y a lo largo de la vida todos debemos soportar pérdidas personales transformadoras que nos dejan sin aliento. Cuando lo hacemos, Dios está preparado para protegernos. El Salmo 147 nos asegura que Él "restaura a los abatidos y cubre con vendas sus heridas" (v. 3, NVI).

¿Está usted ansioso? Lleve esas ansiedades a Dios. ¿Está turbado? Lleve sus problemas a Él. ¿Parece que el mundo tiembla bajo sus pies? Busque protección de Aquel que no puede ser movido.

El mismo Dios que creó el universo está listo y dispuesto para consolarle y para devolverle su fortaleza. Durante los días más difíciles de la vida, su Padre celestial permanece firme. Y en su propio tiempo y de acuerdo a su plan maestro, Él le sanará si usted lo invita a entrar en su corazón.

 CONSEJO SABÍO

Cuando experimente momentos difíciles (y así será), una actitud positiva marca una gran diferencia en el modo en que usted dirige a su equipo y aborda sus problemas.

El sermón de su vida en los momentos difíciles ministra a las personas más poderosamente que el orador más elocuente.

Bill Bright

La fe es un fuerte poder, dominando cada dificultad en la fortaleza del Señor que hizo los cielos y la tierra.

Corrie ten Boom

Dios nos permite experimentar los puntos bajos de la vida a fin de enseñarnos lecciones que no podríamos aprender de ningún otro modo.

C. S. Lewis

 ORACIÓN

Amado Señor, cuando afronte los retos inevitables del liderazgo, dame perspectiva y fe. Cuando esté desalentado, dame la fortaleza para confiar en tus promesas y seguir tu voluntad. Entonces, cuando haya hecho todo lo posible, Padre, que pueda vivir con la seguridad de que tú estás firmemente en control, y que tu amor permanece para siempre. Amén.

Todo hombre sea pronto para oír, tardo para hablar, tardo para airarse; porque la ira del hombre no obra la justicia de Dios.

Santiago 1:19-20, RVR-1960

LOS LÍDERES SABIOS ENTIENDEN LA FUTILIDAD DEL ENOJO

Si es usted como la mayoría de líderes, sabe una cosa o dos (o tres) sobre el enojo. En definitiva, todo el mundo se enoja ocasionalmente, y usted probablemente no sea una excepción.

El enojo es una emoción humana natural que a veces es necesaria y apropiada. Incluso Jesús se enojó cuando confrontó a los cambistas de dinero en el templo (Mateo 21). La indignación justa es una respuesta apropiada a la maldad, pero Dios no quiere que el enojo gobierne nuestras vidas. Nada más lejos de eso.

Los arrebatos temperamentales normalmente son improductivos, poco atractivos, inolvidables e innecesarios. Quizá, por eso Proverbios 16:32 afirma: "más vale tener control propio que conquistar una ciudad" (NTV).

Si ha permitido que el enojo se convierta en un visitante regular en su casa, debería orar por sabiduría, por paciencia, y por un corazón que esté tan lleno de perdón que no contenga espacio alguno para la amargura. Dios le ayudará a poner fin a sus arrebatos si se lo pide. Y eso es bueno, porque el enojo y la paz no pueden coexistir en la misma mente.

Si se permite a usted mismo tener demasiados arrebatos, abandonará, al menos por ahora, la paz que de otro modo podría ser de usted por medio de Cristo. Por lo tanto, obedezca la

Palabra de Dios alejándose del enojo hoy y cada día. Se alegrará de haberlo hecho, y también se alegrarán su familia y sus amigos.

CONSEJO SABIO

Las palabras enojadas son peligrosas para su salud emocional y espiritual, por no mencionar sus relaciones. Por lo tanto, trate el enojo como un huésped no invitado, y acompáñelo a irse rápidamente, y todo lo tranquilamente posible.

El enojo es el ruido del alma; el irritante invisible del corazón; el invasor implacable del silencio.

Max Lucado

La vida es demasiado corta para gastarla estando enojado, aburrido o apagado.

Barbara Johnson

ORACIÓN

Señor, a veces me enojo rápidamente y soy lento para perdonar. Pero sé, Señor, que tú buscas abundancia y paz para mi vida. El perdón es tu mandamiento; capacítame para seguir el ejemplo de tu Hijo Jesús, que perdonó a sus perseguidores. A medida que me alejo del enojo, reclamo la paz que tú quieres para mi vida. Amén.

Pidan, y se les dará; busquen, y encontrarán; llamen, y se les abrirá.
Porque todo el que pide, recibe; el que busca, encuentra; y al que
llama, se le abre.

Mateo 7:7-8, NVI

LOS GRANDES LÍDERES PIDEN A DIOS LAS COSAS QUE NECESITAN

¿Cuán a menudo le pide a Dios su ayuda y su sabiduría? ¿Ocasionalmente? ¿Intermitentemente? ¿Siempre que experimenta una crisis? Esperemos que no. Esperemos que haya adquirido el hábito de pedir la ayuda de Dios temprano y con frecuencia. Y esperemos que haya aprendido a buscar su guía en cada aspecto de su vida.

En Mateo 7, Dios prometió que Él le guiará si usted se lo permite. Su tarea es dejar que lo haga. Pero a veces, será tentado a hacer otra cosa. A veces, será tentado a seguir adelante con la multitud; otras veces será tentado a hacer las cosas a su propia manera, y no a la manera de Dios. Cuando sienta esas tentaciones, resístalas.

Dios ha prometido que cuando usted le pide ayuda, Él no la retendrá. Por lo tanto, pida. Pídale que satisfaga las necesidades de su día. Pídale que le dirija, que le proteja y que le corrija. Y confíe en las respuestas que Él dé.

Dios está a la puerta y espera. Cuando usted llama, Él abre. Cuando usted pide, Él responde. Su tarea, desde luego, es buscar la guía de Él en oración, con confianza y con frecuencia.

Consejo sabio

Si quiere sinceramente guardar sus pasos, pida la ayuda de Dios.

Al pedir en el nombre de Jesús, estamos haciendo una petición no sólo en su autoridad, sino también por sus intereses y su beneficio.

Shirley Dobson

No tenga temor a pedir a su Padre celestial cualquier cosa que necesite. Sin duda, nada es demasiado pequeño para la atención de Dios o demasiado grande para su poder.

Dennis Swanberg

Oración

Amado Señor, mientras lidero a otros, te pediré por las cosas que necesite. En toda circunstancia, en cada período de la vida, acudiré a ti en oración. Tú conoces los deseos de mi corazón, Señor; te pido que los otorgues. Sin embargo, no se haga mi voluntad, Padre, sino la tuya. Amén.

No os engañéis; Dios no puede ser burlado: pues todo lo que el hombre sembrare, eso también segará. Porque el que siembra para su carne, de la carne segará corrupción; mas el que siembra para el Espíritu, del Espíritu segará vida eterna.

Gálatas 6:7-8, RVR-1960

LAS PERSONAS SABIAS SABEN QUE COSECHARÁN LO QUE SIEMBRAN

La vida es una serie de decisiones. Cada día, tomamos incontables decisiones que pueden llevarnos más cerca de Dios. Cuando vivimos según los mandamientos de Dios, nos ganamos para nosotros mismos la abundancia y la paz que Él quiere para nuestras vidas. Pero cuando damos la espalda a Dios al desobedecerle, causamos sufrimiento innecesario sobre nosotros mismos y nuestras familias.

¿Es usted el tipo de persona que busca la paz de Dios y sus bendiciones? Entonces debe obedecerlo. Cuando se encuentre con una decisión difícil o una poderosa tentación, busque el consejo de Dios y confíe en el consejo que Él le dé. Invite a Dios a su corazón y viva según sus mandamientos. Cuando lo haga, será bendecido hoy, y mañana, y por siempre.

⌒ CONSEJO SABIO ⌒

La naturaleza le da maíz al hombre, pero él debe molerlo; Dios da al hombre una voluntad, pero él debe tomar las decisiones correctas.

Fulton J. Sheen

No se preocupe por lo que no entiende. Preocúpese por lo que sí entiende en la Biblia pero no lo vive.

Corrie ten Boom

Más depende de lo que hago que de lo que digo.

D. L. Moody

Nuestra respuesta a Dios determina la respuesta de Él a nosotros.

Henry Blackaby

Cuando descubre el camino cristiano, descubre su propio camino como persona.

E. Stanley Jones

El cristianismo dice que fuimos creados por un Dios justo para desarrollarnos y estar entusiasmados en un ambiente justo. Dios nos ha formado de tal manera que cuanto más justos seamos, más disfrutaremos realmente de la vida.

Bill Hybels

 ORACIÓN

Señor, debido a que soy líder, soy un ejemplo a seguir. Oro para que mis acciones siempre sean coherentes con mis creencias. Sé que mis obras hablan más alto que mis palabras. Que cada paso que dé refleje tu verdad y tu amor, y que otros puedan ser atraídos a ti debido a mis palabras y mis obras. Amén.

Abandonen toda amargura, ira y enojo, gritos y calumnias, y toda forma de malicia. Más bien, sean bondadosos y compasivos unos con otros, y perdónense mutuamente, así como Dios los perdonó a ustedes en Cristo.

Efesios 4:31-32, NVI

LOS LÍDERES SABIOS ENTIENDEN LA FUTILIDAD DE LA AMARGURA

En el cuarto capítulo de Efesios se nos advierte de los peligros de la amargura, y con buena razón. La amargura es una enfermedad espiritual. Consumirá su alma; es peligrosa para su salud emocional. Puede destruirle si usted lo permite… por lo tanto, ¡no lo permita!

Si está atrapado en intensas emociones de enojo o resentimiento, conoce demasiado bien el poder destructivo de esas emociones. ¿Cómo puede librarse de esos sentimientos? En primer lugar, debe pedir a Dios en oración que limpie su corazón. Entonces, debe aprender a darse cuenta siempre que pensamientos de amargura o enojo comiencen a atacarle. Su reto es el siguiente: debe aprender a resistir pensamientos negativos antes de que se apoderen de sus emociones.

Cuando aprenda a dirigir sus pensamientos hacia temas más positivos, (y racionales), será protegido de las consecuencias espirituales y emocionales de la amargura… y será más sabio, más saludable y más feliz también.

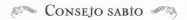

CONSEJO SABIO

Nunca puede disfrutar plenamente del presente si está amargado por el pasado. En lugar de vivir en el pasado, haga las paces con él… y siga adelante.

La amargura es la mayor barrera para la amistad con Dios.

Rick Warren

Sea paciente y comprensivo. La vida es demasiado corta para ser vengativo o malicioso.

Phillips Brooks

La amargura sólo hace que empeore el sufrimiento y cierra los canales espirituales mediante los cuales Dios puede derramar de su gracia.

Warren Wiersbe

ORACIÓN

Padre celestial, libérame del enojo y la amargura. Cuando estoy enojado, no puedo sentir la paz que tú quieres para mi vida. Cuando estoy amargado, no puedo sentir tu presencia. Hazme consciente de que el perdón es tu mandamiento. Que me aleje de la amargura y en cambio reclame la abundancia espiritual que tú ofreces mediante el regalo de tu Hijo. Amén.

Regocijaos en el Señor siempre. Otra vez digo: ¡Regocijaos!

Filipenses 4:4, RVR-1960

Los grandes líderes celebran la vida

¿Está viviendo una vida de agitación, consternación o celebración? Si es usted creyente, sin duda debería ser lo último. Con Cristo como su Salvador, cada día debería ser un tiempo de celebración.

Oswald Chambers observó correctamente: "El gozo es la mayor nota a lo largo de toda la Biblia". C. S. Lewis se hizo eco de ese pensamiento cuando escribió: "El gozo es el negocio serio del cielo". Pero incluso los cristianos más dedicados pueden, en ocasiones, olvidarse de celebrar cada día por lo que es: un regalo valioso de Dios.

En este día, celebre la vida que Dios le ha dado. En este día, ponga una sonrisa en su cara, palabras amables en sus labios y un canto en su corazón. Sea generoso en su alabanza y liberal con su aliento. Y entonces, cuando haya celebrado la vida al máximo, invite a sus amigos a hacer lo mismo. Después de todo, este es el día de Dios, y Él nos ha dado claras instrucciones para su uso. Se nos ordena que nos regocijemos y estemos contentos. Por lo tanto, sin más demora, que comience la celebración.

⁓ Consejo sabio ⁓

Cada día debería ser una causa de celebración. Al celebrar el regalo de la vida, protege su corazón de los peligros del pesimismo, el lamento y la amargura.

El gozo es el resultado directo de tener la perspectiva de Dios en nuestra vida cotidiana y el efecto de amar a nuestro Señor lo suficiente para obedecer sus mandamientos y confiar en sus promesas.

Bill Bright

Una vida de intimidad con Dios está caracterizada por el gozo.

Oswald Chambers

Si puede perdonar a la persona que fue, aceptar a la persona que es, y creer en la persona que llegará a ser, se dirige usted hacia el gozo. Por lo tanto, celebre su vida.

Barbara Johnson

 ORACIÓN

Amado Señor, tú me has dado muchas razones para celebrar. Hoy, permíteme escoger una actitud de alegría. Que sea un cristiano gozoso, Señor, rápido para reír y lento para el enojo. Quiero alabarte, Señor, y darte gracias por tus bendiciones. Este día es tu creación; voy a celebrarlo… y a ti. Amén.

Yo, el Señor, no cambio.

Malaquías 3:6, RVR-1960

LOS LÍDERES SABIOS ENTIENDEN QUE EL MUNDO CAMBIA PERO DIOS NO CAMBIA

Vivimos en un mundo que siempre está cambiando, pero adoramos a un Dios que nunca cambia, ¡gracias a Dios! Eso significa que podemos ser consolados en el conocimiento de que nuestro Padre celestial es la roca que sencillamente no puede ser movida.

La próxima vez que se enfrente a circunstancias difíciles, momentos duros, un trato injusto o cambios no deseados, recuerde que algunas cosas nunca cambian, cosas como el amor que siente en su corazón por su familia y amigos… y el amor que Dios siente por usted. Por lo tanto, en lugar de preocuparse demasiado por los inevitables retos de la vida, enfoque sus energías en encontrar soluciones. Tenga fe en sus propias capacidades, haga todo lo posible por resolver sus problemas, y deje el resto a Dios.

CONSEJO SABIO

El fracaso no es fatal, pero el no hacer cambios podría serlo.

John Wooden

La mayoría de las veces, cuando algo parece que es el fin absoluto, es realmente el comienzo.

Charles Swindoll

En un mundo caótico por el cambio, finalmente descubrirá, como lo he hecho yo, que esta es una de las cualidades más preciosas de Dios que buscamos: Él no cambia.

Bill Hybels

El mero cambio no es crecimiento. El crecimiento es la síntesis del cambio y la continuidad, y donde no hay continuidad, no hay crecimiento.

C. S. Lewis

El secreto del contentamiento en medio del cambio se encuentra en tener raíces en el Cristo que no cambia: el mismo ayer, hoy y siempre.

Ed Young

Con Dios, lo que importa no es quién era usted; lo que importa es en quién se está convirtiendo.

Liz Curtis Higgs

 ORACIÓN

Amado Señor, nuestro mundo está en cambio constante. Cuando enfrente las transiciones inevitables de la vida, acudiré a ti para recibir fortaleza y seguridad. Gracias, Padre, por el amor que no cambia y permanece para siempre. Amén.

El corazón alegre es una buena medicina.

Proverbios 17:22, NTV

LOS LÍDERES SABIOS ENTIENDEN QUE ES IMPORTANTE ESTAR ALEGRE

La alegría es un regalo que damos a otros y a nosotros mismos; y, como creyentes que han sido salvados por un Cristo resucitado, ¿por qué no deberíamos estar alegres? La respuesta, desde luego, es que tenemos todas las razones para honrar a nuestro Salvador con gozo en nuestro corazón, sonrisas en nuestro rostro y palabras de celebración en nuestros labios.

Pocas cosas en la vida son más tristes o, en efecto, más absurdas, que los cristianos malhumorados. Cristo nos promete vidas de abundancia y gozo si aceptamos su amor y su gracia. Sin embargo, a veces incluso los más rectos entre nosotros se ven acosados por arrebatos de enojo y frustración. Durante esos momentos, puede que no tengamos ganas de dirigir nuestros pensamientos y oraciones a Cristo, pero si buscamos obtener perspectiva y paz, eso es precisamente lo que debemos hacer.

¿Es usted un cristiano alegre? ¡Debería serlo! ¿Y cuál es la mejor manera de obtener el gozo que es legítimamente suyo? Darle a Cristo lo que es legítimamente de Él: su corazón, su alma y su vida.

⌇⌇⌇ CONSEJO SABIO ⌇⌇⌇

La alegría es una actitud muy contagiosa. Recuerde que la alegría comienza en lo más alto; una organización alegre normalmente comienza con un líder alegre.

Tenga por cierto, mi querido amigo, que no hay gozo alguno para Dios en verle a usted con una expresión triste.

C. H. Spurgeon

Cristo puede poner brío en sus pasos y una emoción en su corazón. El optimismo y la alegría son productos de conocer a Cristo.

Billy Graham

Dios es bueno, y el cielo es para siempre. Y si esos dos hechos no le alegran, nada lo hará.

Marie T. Freeman

⌇⌇⌇ ORACIÓN ⌇⌇⌇

Hazme un líder alegre, Señor. Que pueda celebrar el día que tú me has dado, y que pueda celebrar a tu Hijo. Que pueda declarar palabras de ánimo y esperanza a todo aquel que se cruce en mi camino, y que otros vean el gozo y la gratitud que siento en mi corazón por tu valioso regalo para el mundo: Cristo Jesús. Amén.

Hoy pongo al cielo y a la tierra por testigos contra ti, de que te he dado a elegir entre la vida y la muerte, entre la bendición y la maldición. Elige, pues, la vida, para que vivan tú y tus descendientes. Ama al Señor tu Dios, obedécelo y sé fiel a él, porque de él depende tu vida, y por él vivirás mucho tiempo en el territorio que juró dar a tus antepasados Abraham, Isaac y Jacob.

Deuteronomio 30:19-20, NVI

LOS LÍDERES SABIOS ENTIENDEN LA IMPORTANCIA DE TOMAR BUENAS DECISIONES

Desde el instante en que nos despertamos en la mañana hasta el momento en que nos quedamos dormidos en la noche, tomamos incontables decisiones: decisiones sobre las cosas que hacemos, decisiones sobre las palabras que decimos, y decisiones sobre los pensamientos que escogemos pensar. Dicho con sencillez, la calidad de esas decisiones determina la calidad de nuestras vidas.

Como creyentes que han sido salvados por un Dios amoroso y misericordioso, tenemos todas las razones para tomar decisiones sabias. Sin embargo, entre el bullicio inevitable de la vida aquí en la tierra, nos permitimos a nosotros mismos comportarnos de maneras que sabemos que no agradan a Dios. Cuando lo hacemos, abandonamos, aunque sea temporalmente, el gozo y la paz que de otro modo podríamos experimentar por medio de Él.

Cuando examine su propio estilo de liderazgo, considere cuántas cosas en esta vida puede controlar: sus pensamientos, sus palabras, sus prioridades y sus acciones, para comenzar. Y entonces, si quiere sinceramente descubrir el propósito de Dios para su vida, tome decisiones que sean agradables a Él. Él no merece menos... y usted tampoco.

❧ CONSEJO SABIO ❧

Cada día, usted toma cientos de decisiones... y la calidad de esas decisiones determina la calidad de su día, de su carrera y de su vida.

Cada vez que toma una decisión, está convirtiendo la parte central de usted, la parte que decide, en algo un poco distinto de lo que era antes.

C. S. Lewis

La vida es bastante parecida a una fila en la cafetería: nos ofrece muchas opciones, tanto buenas como malas. El cristiano debe tener un radar espiritual que detecte la diferencia no sólo entre lo malo y lo bueno, sino también entre lo bueno y lo mejor.

Dennis Swanberg

❧ ORACIÓN ❧

Padre celestial, tengo muchas decisiones que tomar. Ayúdame a decidir sabiamente a medida que sigo en los pasos de tu Hijo unigénito. Amén.

He aprendido a contentarme, cualquiera que sea mi situación.

Filipenses 4:11, RVR-1960

ENCONTRAR CONTENTAMIENTO

La preocupación con la felicidad y el contentamiento es un tema siempre presente en el mundo moderno. Somos bombardeados con mensajes que nos dicen dónde encontrar paz y placer en un mundo que adora el materialismo y la riqueza. Pero el contentamiento duradero no se encuentra en las posesiones materiales; el contentamiento genuino es un regalo espiritual de Dios para aquellos que confían en Él y siguen sus mandamientos.

¿Dónde encontramos contentamiento? Si no lo encontramos en Dios, nunca lo encontraremos en ningún otro lugar. Pero si ponemos nuestra fe y nuestra confianza en Él, seremos bendecidos con una paz interior que está por encima de todo entendimiento humano. Cuando Dios habita en el centro de nuestras vidas, la paz y el contentamiento nos pertenecerán con tanta seguridad como nosotros le pertenecemos a Dios.

⤞ CONSEJO SABIO ⤝

El verdadero contentamiento es una virtud real y activa, no solamente afirmativa sino también creativa. Es el poder de sacar el máximo de cualquier situación en la que estemos.

G. K. Chesterton

Dios preferiría tener a un hombre en el lado equivocado de la valla que sobre la valla. Los peores enemigos de los apóstoles no son los oponentes sino los conciliadores.

Vance Havner

Dios puede hacer cualquier cosa que quiera con una persona común que esté plenamente consagrada a Él.

Henry Blackaby y Claude King

Nos convertimos en aquello a lo que estemos comprometidos.

Rick Warren

El compromiso no es fácil, pero cuando estamos luchando por algo en lo que creemos, la pelea vale la pena.

John Maxwell

Cuando nos entregamos por completo a Dios, Él toma de nuestras escasas reservas y nos devuelve desde lo infinito. ¡Qué maravilloso intercambio!

Shirley Dobson

ORACIÓN

Padre celestial, quiero ser un líder que se esfuerce por hacer tu voluntad aquí en la tierra, y mientras la hago, que pueda encontrar contentamiento y equilibrio. Que pueda vivir en la luz de tu voluntad y tus prioridades para mi vida, y cuando haya hecho todo lo posible, Señor, dame la sabiduría para poner mi fe y mi confianza en ti. Amén.

Si un reino está dividido contra sí mismo, tal reino no puede permanecer. Y si una casa está dividida contra sí misma, tal casa no puede permanecer.

Marcos 3:24-25, RVR-1960

LOS GRANDES LÍDERES SABEN QUE LA COOPERACIÓN DA RESULTADOS

¿Han aprendido usted y sus allegados el sutil arte de la cooperación? Si es así, ha aprendido la sabiduría del "dar y tomar", y no la necedad del "yo primero". La cooperación es el arte de ceder en muchas cosas pequeñas a la vez que se tiene la vista puesta en otra grande: sus metas colectivas.

Pero aquí están unas palabras de advertencia: si es usted como la mayoría de personas en posiciones de liderazgo, probablemente sea usted un poco terco: probablemente quiere que la mayoría de cosas se hagan de un modo que refleje la canción popular "A mi manera". Pero si es usted observador, notará que esas personas que siempre insisten en "mi manera o la carretera" normalmente terminan con "la carretera".

Una estrategia mejor para todos los implicados (incluido usted) es abandonar la búsqueda de "mi manera" y buscar en cambio "nuestra manera". Las organizaciones más felices y más productivas son aquellas en las que todos aprenden a "dar y tomar"… con el énfasis en "dar".

CONSEJO SABIO

Cuando usted y sus asociados trabajan como equipo, logran más cosas. Cuando no trabajan como equipo, logran menos. Por lo tanto, da resultado cooperar.

Una persona trabajando junta no logra mucho. El éxito es el resultado de personas que empujan juntas para lograr metas comunes.

John Maxwell

La cooperación es una calle de dos direcciones, pero para demasiadas parejas, es el camino menos transitado.

Marie T. Freeman

El trabajo en equipo hace que el sueño funcione.

Reunirse es un comienzo. Mantenerse juntos es progreso. Trabajar juntos es éxito.

John Maxwell

ORACIÓN

Amado Señor, ayúdame a aprender a ser amable, cortés y cooperativo con mi familia, con mis asociados, con mis amigos, y con todos aquellos que se cruzan en mi camino. Amén.

¡Sé fuerte y valiente, y pon manos a la obra! No tengas miedo ni te desanimes, porque Dios el Señor, mi Dios, estará contigo.

1 Crónicas 28:20, NVI

LOS GRANDES LÍDERES SON VALIENTES

Los cristianos tienen todas las razones para vivir, y para liderar, con valentía. Después de todo, la batalla definitiva ya ha sido ganada en la cruz en el Calvario. Pero incluso los cristianos dedicados pueden ver que su valentía es probada por los inevitables desengaños y temores que visitan las vidas de creyentes y no creyentes por igual.

Cuando se encuentre preocupado por los retos del presente o las incertidumbres del mañana, debe hacerse la pregunta de si está preparado o no para poner todas sus preocupaciones y su vida en las manos de Dios todopoderosas, que todo lo saben, y amorosas. Si la respuesta a esa pregunta es sí, y debería serlo, entonces puede obtener valentía hoy de la fuente de fortaleza que nunca falla: su Padre celestial.

∝ CONSEJO SABIO ∝

No somos débiles si hacemos el uso correcto de los medios que el Dios de la naturaleza ha puesto en nuestro poder. La batalla, señor, no es solamente para los fuertes; es para los vigilantes, los activos, los valientes.

Patrick Henry

La valentía no es simplemente una de las virtudes, sino la forma de cada virtud en el punto de prueba, lo cual significa en el punto de realidad más elevada. Una castidad, u honestidad o misericordia que se rinde ante el peligro será casta, u honesta o misericordiosa solamente según las condiciones. Pilatos fue misericordioso hasta que eso se volvió arriesgado.

C. S. Lewis

Si una persona teme a Dios, no tiene razón alguna para temer cualquier otra cosa. Por otro lado, si una persona no teme a Dios, entonces el temor se convierte en un modo de vida.

Beth Moore

La valentía es contagiosa.

Billy Graham

Daniel miró al rostro de Dios y no tuvo temor al rostro de un león.

C. H. Spurgeon

La verdad de Cristo produce seguridad y, por lo tanto, elimina el anterior problema del temor y la incertidumbre.

A. W. Tozer

 ORACIÓN

Querido Señor, cuando me sienta temeroso o preocupado, dame valentía, perspectiva y sabiduría. En toda circunstancia, confiaré en que tú me guías y me proteges, ahora y para siempre. Amén.

¿Quién es sabio y entendido entre ustedes? Que lo demuestre con su buena conducta, mediante obras hechas con la humildad que le da su sabiduría.

Santiago 3:13, NVI

LOS LÍDERES SABIOS SABEN QUE DA RESULTADO SER CORTÉS Y CORRECTO

¿Nos enseñó Cristo en cuestiones de etiqueta y cortesía? Desde luego que lo hizo. Las instrucciones de Cristo son claras: "Así que en todo traten ustedes a los demás tal y como quieren que ellos los traten a ustedes. De hecho, esto es la ley y los profetas" (Mateo 7:12, NVI). Jesús no dijo: "En algunas cosas traten a los demás como quieran ser tratados". Y no dijo: "De vez en cuando, traten otros con bondad". Cristo dijo que deberíamos tratar a los demás como nos gustaría ser tratados en cada aspecto de nuestra vida cotidiana. Esto, desde luego, es una orden elevada, pero como cristianos, se nos ordena hacer todo lo posible.

En este día, sea un poco más amable de lo necesario con familiares, amigos, asociados, compañeros de trabajo y perfectos extraños. Y al considerar todas las cosas que Cristo ha hecho en su vida, hónrelo con sus palabras y con sus acciones. Él no espera menos, y no se merece menos.

~ Consejo sabio ~

Si está en desacuerdo, hágalo sin ser desagradable; si está enojado, sujete su lengua; si está frustrado o cansado, no discuta... tome un respiro y un café.

Solamente la persona cortés puede amar, pero es el amor el que le hace ser cortés.

C. S. Lewis

Cuando muestra hospitalidad a otros, no está en intentando impresionar a personas; está intentando reflejar a Dios ante ellos.

Max Lucado

Acérquese y tome interés por alguien que necesite el toque de la hospitalidad. El tiempo que emplee usted interesándose hoy será un regalo de amor que se convertirá en el gozo fresco del Espíritu de Dios en el futuro.

Emilie Barnes

~ Oración ~

Guíame, Señor, para tratar a aquellos con quienes me encuentre con cortesía y respeto. Tú has creado a cada persona a tu imagen; que honre a quienes se cruzan en mi camino con la dignidad que tú les has otorgado. Todos somos tus hijos, Señor; que pueda mostrar bondad a todos. Amén.

No hablen mal unos de otros. Si alguien habla mal de su hermano, o lo juzga, habla mal de la ley y la juzga. Y si juzgas la ley, ya no eres cumplidor de la ley, sino su juez.

Santiago 4:11, NVI

LOS LÍDERES SABIOS QUE SE REFRENAN DE LA CRÍTICA INNECESARIA

Por experiencia sabemos que es más fácil criticar que corregir; entendemos que es más fácil encontrar faltas que soluciones; y entendemos que la crítica excesiva es normalmente destructiva, y no productiva. Sin embargo, el impulso de criticar a otros sigue siendo una potente tentación para la mayoría de nosotros.

En el versículo 11, Santiago da una clara advertencia: "Hermanos, no hablen mal unos de otros". Sin duda, Santiago entendía el poder paralizante de la negatividad crónica, y también deberíamos entenderlo nosotros. Nuestra tarea, como creyentes obedientes, es romper los hábitos gemelos del pensamiento negativo y la conversación crítica.

La negatividad es muy contagiosa: la damos a otros que, a su vez, nos la vuelven a dar a nosotros. Este círculo puede ser roto por pensamientos positivos, oraciones sinceras y palabras alentadoras. Como atentos siervos de un Dios amoroso, podemos usar el poder transformador del amor de Cristo para romper las cadenas de la negatividad.

CONSEJO SABÍO

Si es usted demasiado crítico con otras personas, o con usted mismo, es momento de llegar a ser más perdonador y menos crítico.

La tarea de encontrar fallos es muy fácil, y la de mejorar es muy difícil.

Francisco de Sales

Todos enmendaríamos mucho mejor nuestros caminos si estuviéramos tan preparados para orar unos por otros como lo estamos para ofrecernos unos a otros reproche y represión.

Thomas More

El escrutinio que damos a otras personas debería ser para nosotros mismos.

Oswald Chambers

Criticar a otros, incluido Dios, es una manera en que intentamos evitar enfrentar y juzgar nuestros propios pecados.

Warren Wiersbe

ORACIÓN

Ayúdame, Señor, a elevarme por encima de la necesidad de criticar a otros. Que mis propios defectos me humillen, y siempre sea una fuente de genuino aliento para mi familia, mis asociados y mis amigos. Amén.

Que estamos atribulados en todo, mas no angustiados; en apuros, mas no desesperados.

2 Corintios 4.8, RVR-1960

LOS GRANDES LÍDERES NO SE DESALIENTAN FÁCILMENTE

Nosotros los cristianos tenemos muchas razones para celebrar. Dios está en su cielo; Cristo ha resucitado, y nosotros somos las ovejas de su rebaño. Sin embargo, a veces incluso los creyentes más devotos pueden llegar a desalentarse. Después de todo, vivimos en un mundo donde las expectativas pueden ser altas y las demandas pueden ser incluso más elevadas.

Cuando no cumplimos con las expectativas de otros (o en efecto, con las expectativas que tenemos para nosotros mismos), puede que seamos tentados a abandonar la esperanza. Pero Dios tiene otros planes. Él sabe exactamente cómo quiere usarnos. Nuestra tarea es permanecer fieles hasta que Él lo haga.

Si se desalienta con la dirección de su día, de su carrera o de su vida, dirija sus pensamientos y oraciones a Dios. Él es un Dios de posibilidad, no de negatividad. Él le ayudará a contar sus bendiciones en lugar de sus dificultades. Y entonces, con un renovado espíritu de optimismo y esperanza, puede adecuadamente dar gracias a su Padre celestial por sus bendiciones, por su amor y por su Hijo.

CONSEJO SABIO

Los mejores éxitos de los hombres llegan después de sus desengaños.

Henry Ward Beecher

La próxima vez que este defraudado, no tenga pánico y no tire la toalla. Tan sólo sea paciente y permita que Dios le recuerde que Él sigue teniendo el control.

Max Lucado

Si sus esperanzas están siendo defraudadas en este momento, significa que están siendo purificadas.

Oswald Chambers

Aunque nuestro dolor, y nuestro desengaño, y los detalles de nuestro sufrimiento puedan diferir, hay una abundancia de la gracia y la paz de Dios a disposición de cada uno de nosotros.

Charles Swindoll

ORACIÓN

Amado Señor, cuando me enfrente a los inevitables desengaños de la vida, recuérdame que tú tienes el control. Tú eres el dador de todo lo bueno, Padre, y tú me bendecirás hoy, mañana y por siempre. Amén.

Por eso, dispónganse para actuar con inteligencia; tengan dominio propio; pongan su esperanza completamente en la gracia que se les dará cuando se revele Jesucristo.

1 Pedro 1:13, NVI

LOS GRANDES LÍDERES TIENEN AUTODISCIPLINA

La Palabra de Dios nos recuerda una y otra vez que nuestro Creador espera que llevemos vidas disciplinadas. Dios no recompensa la pereza, la mala conducta o la apatía. Por el contrario, espera que nos comportemos con dignidad y disciplina. Pero el nuestro es un mundo en el cual la dignidad y la disciplina con frecuencia escasean.

Vivimos en un mundo donde el ocio es glorificado y la indiferencia es con frecuencia considerada glamurosa. Pero Dios tiene otros planes. Dios nos da talentos, y Él espera que los utilicemos; pero no siempre es fácil cultivar esos talentos. A veces, debemos invertir incontables horas (o en algunos casos, muchos años) afinando nuestras capacidades. Y eso está perfectamente bien ante Dios, porque Él entiende que la autodisciplina es una bendición, y no una carga.

Cuando nos detenemos a considerar cuánto trabajo hay que hacer, entendemos que la autodisciplina no es simplemente una manera demostrada de avanzar, sino que es también una parte integral del plan de Dios para nuestras vidas. Si buscamos genuinamente ser fieles administradores de nuestro tiempo, nuestros talentos y nuestros recursos, debemos adoptar un enfoque disciplinado de la vida. De otro modo, nuestros talentos son desperdiciados y nuestros recursos son malgastados.

Las mayores recompensas de la vida raras veces caen en nuestro regazo; por el contrario, nuestros mayores logros normalmente requieren trabajo, perseverancia y disciplina. Que como creyentes disciplinados y líderes cristianos, estemos dispuestos a trabajar por las recompensas que tan sinceramente deseamos.

CONSEJO SABIO

Si es usted un líder disciplinado, ganará grandes recompensas. Si es indisciplinado, no lo hará.

Dicho con sencillez, autodisciplina es obediencia a la Palabra de Dios y la disposición a someter todo en la vida a su voluntad, para su gloria suprema.

John MacArthur

No puede usted subir la escalera de la vida con sus manos metidas en los bolsillos.

Barbara Johnson

ORACIÓN

Amado Señor, quiero ser un líder disciplinado. Que pueda usar mi tiempo sabiamente, que obedezca tus mandamientos fielmente, y que te adore con gozo, hoy y cada día. Amén.

Precisamente por eso, esfuércense por añadir a su fe, virtud; a su virtud, entendimiento; al entendimiento, dominio propio; al dominio propio, constancia; a la constancia, devoción a Dios.

2 Pedro 1:5-6, NVI

LOS LÍDERES SABIOS SE ELEVAN POR ENCIMA DE SUS EMOCIONES NEGATIVAS

Una y otra vez, la Biblia nos enseña que vivamos por fe. Sin embargo, a veces, a pesar de nuestras mejores intenciones, sentimientos negativos pueden robarnos la paz y la abundancia que de otro modo serían nuestras por medio de Cristo. Cuando el enojo o la ansiedad nos separan de las bendiciones espirituales que Dios tiene preparadas, debemos volver a pensar en nuestras prioridades. Y debemos situar la fe por encima de los sentimientos.

Las emociones humanas son muy variables, decididamente impredecibles, y con frecuencia poco confiables. Nuestras emociones son como el tiempo, sólo que a veces mucho más variables. Por lo tanto, debemos aprender a vivir por fe, y no por los altibajos de nuestra propia montaña rusa emocional.

¿Quién está moviendo sus cuerdas emocionales? ¿Está permitiendo que personas muy emocionales o situaciones muy cargadas dicten su ánimo y le distraigan de su enfoque? ¿O es usted más sabio que eso?

En algún momento durante el día, puede que se encuentre con una situación dura o una persona difícil y, como resultado, puede verse atenazado por una fuerte emoción negativa. Descártela. Reine sobre ella. Pruébela. Y entréguela a Dios.

44

Sus emociones inevitablemente cambiarán; Dios no lo hará. Por lo tanto, confíe en Él completamente. Cuando lo haga, se sorprenderá por lo rápidamente que esos sentimientos negativos pueden evaporarse en el aire.

⤳ CONSEJO SABIO ⤳

Aquí están los hechos: el amor de Dios es real; su paz es real; su apoyo es real; y Él quiere que usted siga los pasos de su Hijo. No permita nunca que sus emociones oscurezcan estos hechos.

Yo ya no dependo de impulsos agradables para llevarme delante del Señor. Más bien debo responder a los principios que sé que son correctos, ya sea que los sienta como agradables o no.

Jim Elliot

⤳ ORACIÓN ⤳

Padre celestial, tú eres mi fortaleza y mi refugio. Al recorrer este día, me encontraré con eventos que me causen inquietud emocional. Señor, cuando esté turbado, que acuda a ti. Mantenme firme, Señor, y en esos momentos difíciles, renueva un espíritu recto dentro de mi corazón. Amén.

*Más bien, mientras dure ese «hoy», anímense unos a otros cada día,
para que ninguno de ustedes se endurezca por el engaño del pecado.*

Hebreos 3:13, NVI

LOS LÍDERES SABIOS CONOCEN EL PODER DEL ALIENTO

La vida es un deporte en equipo, y todos nosotros necesitamos palmaditas ocasionales en la espalda por parte de nuestros compañeros de equipo. Como cristianos, somos llamados a extender las buenas nuevas de Cristo, y también somos llamados a difundir un mensaje de aliento y esperanza al mundo.

Se dé cuenta o no, muchas personas a quienes usted dirige están en necesidad desesperada de una sonrisa o una palabra alentadora. El mundo puede ser un lugar difícil, e incontables amigos y familiares puede que estén turbados por los retos de la vida cotidiana. Ya que no siempre sabe quién necesita su ayuda, la mejor estrategia es intentar alentar a todas las personas que se cruzan en su camino. Por lo tanto, en este día sea una estupenda fuente de aliento para todo aquel que se encuentre. La necesidad nunca ha sido mayor.

⤷ CONSEJO SABIO ⤶

Los líderes destacados se esfuerzan por aumentar la autoestima de su plantilla de personal. Si las personas creen en sí mismas, es sorprendente lo que pueden lograr.

Sam Walton

Establezca la regla, y ore a Dios para que le ayude a mantenerla, que nunca se acueste en la noche sin ser capaz de decir: "He hecho que al menos un ser humano sea un poco más sabio, un poco más feliz, o un poco mejor este día".

Charles Kingsley

Normalmente puedo sentir que un impulso es del Espíritu Santo cuando me llama a humillarme a mí mismo, a servir a alguien, a alentar a alguien o a dar algo. En muy raras ocasiones el maligno nos guiará a hacer ese tipo de cosas.

Bill Hybels

Dios sigue estando en el proceso de repartir dones, y utiliza a individuos comunes como nosotros para desarrollar esos dones en otras personas.

Howard Hendricks

Quien sube más alto es quien ayuda a otros subir.

Zig Ziglar

 ORACIÓN

Amado Señor, que pueda celebrar los logros de otros. Hazme una fuente de aliento genuino y duradero para mi familia y mis asociados. Y que mis palabras y obras sean dignas de tu Hijo, quien me da fortaleza y salvación, en este día y por toda la eternidad. Amén.

Pero los que confían en el Señor renovarán sus fuerzas; volarán como las águilas: correrán y no se fatigarán, caminarán y no se cansarán.

Isaías 40:31, NVI

LOS LÍDERES SABIOS OBTIENEN FORTALEZA DEL SEÑOR

Todos nosotros tenemos momentos en que nos sentimos agotados. Todos nosotros sufrimos en los momentos difíciles, los días difíciles y los períodos inquietantes de nuestras vidas. Afortunadamente, Dios promete darnos consuelo y fortalezas si acudimos a Él.

Si es usted una persona con demasiadas demandas y pocas horas en las cuales cumplirlas, es probablemente el momento de examinar sus prioridades a la vez que reduce al mínimo su lista diaria de quehaceres. Mientras esté trabajando en ello, tome tiempo para enfocarse en Dios y en su amor por usted. Entonces, pídale la sabiduría para establecer prioridades en su vida y la fortaleza para cumplir con sus responsabilidades. Dios le da la energía para hacer las cosas más importantes en su lista de quehaceres de este día si usted se lo pide.

CONSEJO SABIO

Dentro de nosotros hay pozos de pensamiento y dinamos de energía que no sospechamos hasta que surgen las emergencias.

Thomas J. Watson

Dios es Aquel que proporciona nuestra fortaleza, no sólo para lidiar con las demandas del día, sino también para elevarnos por encima de ellas. Que le miremos a Él para obtener la fuerza para remontarnos.

Jim Gallery

Dios no dispensa fuerza y aliento como un farmacéutico le entrega su receta. El Señor no promete darnos algo para que lo tomemos a fin de poder manejar nuestros momentos agotadores. Él nos promete a sí mismo. Eso es todo. Y eso es suficiente.

Charles Swindoll

La preocupación no le quita al mañana su tristeza; le quita al presente su fortaleza.

Corrie ten Boom

A veces creo que la fuerza espiritual y física es como el maná: obtenemos justamente lo que necesitamos para el día, no más.

Suzanne Dale Ezell

 ORACIÓN

Señor, que pueda encontrar mi fortaleza en ti. Cuando esté cansado, dame descanso. Cuando me sienta abrumado, que pueda mirarte a ti para obtener mis prioridades. Que tu poder sea mi poder, Señor, y que tu camino sea mi camino, hoy y para siempre. Amén.

Trabajen de buena gana en todo lo que hagan, como si fuera para el Señor y no para la gente.

Colosenses 3:23, NTV

ENTUSIASMO AHORA

¿Ve cada día como una gloriosa oportunidad de servir a Dios y hacer su voluntad? ¿Se entusiasma respecto a la vida y sus oportunidades de liderazgo, o batalla a lo largo de cada día pensando pocas veces en las bendiciones de Dios? ¿Alaba constantemente a Dios por sus dones, y está compartiendo sus buenas nuevas con el mundo? ¿Y está emocionado acerca de las posibilidades para el servicio que Dios ha puesto delante de usted, ya sea en casa, en el trabajo, en la iglesia o en la escuela? Debería estarlo.

Es usted el receptor del amor sacrificial de Cristo. Acéptelo con entusiasmo y compártalo con fervor. Jesús merece su entusiasmo; el mundo lo merece; y usted merece la experiencia de compartirlo.

CONSEJO SABIO

Actuamos como si la comodidad y el lujo fueran los principales requisitos de la vida, cuando lo único que necesitamos para hacernos realmente felices es algo por lo que estar entusiasmados.

Charles Kingsley

No se apodere de una cosa a menos que quiera que esa cosa se apodere de usted.

E. Stanley Jones

El entusiasmo, como la gripe, es contagioso; lo obtenemos los unos de los otros.

Barbara Johnson

Dondequiera que esté, sea todo allí. Viva hasta el final cada situación que crea que es la voluntad de Dios.

Jim Elliot

Una de las grandes necesidades en la iglesia actualmente es que cada cristiano se vuelva entusiasta acerca de su fe en Jesucristo.

Billy Graham

Cuando nos entregamos a nosotros mismos completamente a Dios, no hay nada mediocre o común y corriente acerca de nosotros. Vivir para Cristo es estar apasionado por nuestro Señor y por nuestras vidas.

Jim Gallery

 ORACIÓN

Amado Señor, sé que otros están observando el modo en que vivo mi vida. Ayúdame a ser un cristiano entusiasta con una fe que sea contagiosa. Amén.

Por lo tanto, desháganse de toda mala conducta. Acaben con todo engaño, hipocresía, celos y toda clase de comentarios hirientes.

1 Pedro 2:1, NTV

LOS LÍDERES SABIOS ENTIENDEN QUE LA ENVIDIA ES PELIGROSA

Debido a que somos seres humanos frágiles e imperfectos, a veces tenemos envidia de los demás. Pero la Palabra de Dios nos advierte que la envidia es pecado. Por lo tanto, debemos guardarnos contra la tendencia natural a sentir resentimiento y celos cuando otras personas experimentan buena fortuna.

Como creyentes, no tenemos ninguna razón en absoluto para ser envidiosos de ninguna persona en la tierra. Después de todo, como cristianos ya somos los receptores del mayor regalo en toda la creación: la gracia de Dios. Se nos ha prometido el don de la vida eterna mediante el Hijo unigénito de Dios, y debemos contar ese don como nuestra posesión más preciada.

En lugar de sucumbir al pecado de la envidia, deberíamos enfocarnos en las cosas maravillosas que Dios ha hecho por nosotros, comenzando con el sacrificio de Cristo. Y debemos refrenarnos de preocuparnos por las bendiciones que Dios ha decidido dar a otras personas.

Por lo tanto, aquí hay una fórmula de éxito seguro para una vida más feliz y más sana: cuente sus propias bendiciones y deje que su prójimo cuente las de él o ella. Es el buen camino hacia la vida y la mejor manera de liderar.

Consejo sabio

Como una polilla carcome la ropa, así también la envidia consume al hombre.

San Juan Crisóstomo

Lo que Dios pide, hace o requiere de otros no es asunto mío; es asunto de Él.

Kay Arthur

Cuando nos preocupamos de lo que no tenemos, no seremos capaces de disfrutar de lo que sí tenemos.

Charles Swindoll

¿Cómo puede poseer las miserias de la envidia cuando posee en Cristo la mejor de todas las porciones?

C. H. Spurgeon

El descontento reseca el alma.

Elisabeth Elliot

Oración

Querido Señor, hoy seré agradecido por mis bendiciones, y no seré envidioso de las bendiciones que tú has dado a otras personas. Amén.

Porque de tal manera amó Dios al mundo, que ha dado a su Hijo unigénito, para que todo aquel que en él cree, no se pierda, mas tenga vida eterna.

Juan 3:16, RVR-1960

El regalo de la vida eterna

Juan 3:16 es, con bastante posibilidad, la frase más ampliamente reconocida de toda la Biblia. Pero incluso si usted memorizó este versículo hace muchos años, aún así necesita asegurarse de que sea un versículo que puede recitar de memoria.

Juan 3:16 hace esta promesa: si usted cree en Jesús, vivirá para siempre con Él en el cielo. Es una promesa increíble, y es la piedra angular de la fe cristiana.

La vida eterna no es un evento que comienza cuando uno muere. La vida eterna comienza cuando usted invita a Jesús a entrar en su corazón precisamente aquí en la tierra. Por lo tanto, es importante reconocer que los planes de Dios para usted no están limitados a los altibajos de la vida cotidiana. Si ha permitido a Jesús reinar en su corazón, ya ha comenzado su viaje eterno.

Como meros mortales, nuestra visión para el futuro, al igual que nuestras vidas aquí en la tierra, está limitada. La visión de Dios no está cargada por tales limitaciones: sus planes se extienden por toda la eternidad.

Alabemos al Creador por su valioso regalo, y compartamos las buenas nuevas con todo aquel que se cruce en nuestro camino. Devolvemos el amor de nuestro Padre al aceptar su gracia y compartir su mensaje y su amor. Cuando lo hacemos, somos bendecidos aquí en la tierra y por toda la eternidad.

⊱ Consejo sabio ⊰

Dios le ofrece vida abundante y vida eterna. Si usted no ha aceptado su regalo, el momento adecuado para hacerlo es ahora.

Enséñanos a poner nuestras esperanzas en el cielo, a aferrarnos firmemente a la promesa de la vida eterna, de modo que podamos soportar las luchas y las tormentas de este mundo.

Max Lucado

Su decisión de recibir o rechazar al Señor Jesucristo determinará dónde pasará usted la eternidad.

Anne Graham Lotz

Todo lo que no es eterno está eternamente desactualizado.

C. S. Lewis

⊱ Oración ⊰

Señor, tú me has dado el valioso regalo de la vida eterna mediante tu Hijo Jesús. Mantén la esperanza del cielo fresca en mi corazón. Mientras estoy en este mundo, ayúdame a pasar por él con fe en mi corazón y alabanza en mis labios para ti. Amén.

Sino sé ejemplo de los creyentes en palabra, conducta, amor, espíritu, fe y pureza.

1 Timoteo 4:12, RVR-1960

LOS GRANDES LÍDERES ESTABLECEN EL TIPO CORRECTO DE EJEMPLO

Nos guste o no, todos nosotros somos ejemplos a seguir. Nuestros amigos, familias y compañeros de trabajo observan nuestras acciones y, como seguidores de Cristo, estamos obligados a comportarnos en consecuencia.

¿Qué tipo de ejemplo es usted? ¿Es el tipo de líder cuya vida sirve como ejemplo genuino de rectitud? ¿Es usted un líder cuya conducta sirve como un modelo a seguir positivo para otras personas? ¿Es usted el tipo de persona cuyos actos, día tras día, están basados en bondad, fidelidad y un amor por el Señor? Si es así, usted no está solamente bendecido por Dios, sino es también una potente fuerza para el bien en un mundo que necesita desesperadamente influencias positivas como la de usted.

Vivimos en un mundo peligroso y lleno de tentaciones, y por eso se encuentra con tantas oportunidades de alejarse de los mandamientos de Dios. ¡Resista esas tentaciones! Cuando lo haga, obtendrá las bendiciones de Dios y servirá como un ejemplo a seguir positivo para su familia y amigos.

Corrie ten Boom aconsejaba: "No se preocupe por lo que no entiende. Preocúpese por lo que sí entiende en la Biblia pero no lo vive". Y ese es un buen consejo, porque nuestras familias y amigos están observando… y efectivamente, también observa Dios.

CONSEJO SABIO

Dios quiere que usted sea un ejemplo a seguir positivo. Y eso es lo que usted también debería querer.

El sermón de su vida en los momentos difíciles ministra a personas más poderosamente que el orador más elocuente.

Bill Bright

Su vida está destinada a ser un ejemplo. La única pregunta es: "¿de qué tipo?".

Marie T. Freeman

Debemos reflejar el amor de Dios en medio de un mundo lleno de odio. Nosotros somos los espejos del amor de Dios, de modo que podamos mostrar a Jesús mediante nuestra vida.

Corrie ten Boom

ORACIÓN

Señor, hazme un ejemplo digno para mi familia, para mis amigos y para mis compañeros de trabajo. Y que mis palabras y mis obras sirvan como un testimonio de los cambios que tú has hecho en mi vida. Que pueda alabarte, Padre, siguiendo los pasos de tu Hijo, y que otros puedan verlo por medio de mí. Amén.

Por eso, dispónganse para actuar con inteligencia; tengan dominio propio; pongan su esperanza completamente en la gracia que se les dará cuando se revele Jesucristo.

1 Pedro 1:13, NVI

LOS GRANDES LÍDERES NO PONEN EXCUSAS

Vivimos en un mundo donde las excusas están por todas partes. Y precisamente porque las excusas son tan numerosas, es que son también ineficaces. Cuando oímos las palabras: "Lo siento, pero…", la mayoría de nosotros sabemos exactamente lo que seguirá: la gran excusa. El perro se comió la tarea de la escuela. El tráfico era terrible. Es culpa de la empresa. El jefe es quien tiene la culpa. El equipo está roto. No nos queda eso. Y muchas otras, y la lista sigue.

Debido a que los seres humanos somos tan creativos para poner excusas, todas las excusas realmente buenas ya han sido tomadas. De hecho, las excusas de alta calidad han sido usadas, reusadas, usadas en exceso y abusadas. Por eso las excusas no funcionan; las hemos oído todas ellas antes.

Por lo tanto, si está desperdiciando su tiempo intentando presentarse como una víctima (y debilitando su carácter en el proceso), o si intenta idear una excusa nueva y mejorada, no se moleste. Las excusas no funcionan, y mientras usted las está inventando, tampoco funciona usted.

⟡ Consejo sabio ⟡

Un hombre puede cometer errores, pero no es un fracasado hasta que comienza a culpar a otra persona.

John Wooden

Sustituya sus excusas por una nueva determinación.

Charles Swindoll

Necesitamos dejar de enfocarnos en nuestras carencias y dejar de poner excusas y comenzar a mirar y escuchar a Jesús.

Anne Graham Lotz

Racionalización: es lo que hacemos cuando sustituimos las razones verdaderas por explicaciones falsas, cuando nublamos nuestros motivos reales con una nube de excusas que suenan bien.

Charles Swindoll

Una excusa es sólo la piel de una razón rellenada con una mentira.

Vance Havner

⟡ Oración ⟡

Padre celestial, qué fácil es poner excusas. Pero quiero ser un líder que logre trabajo importante para ti. Ayúdame, Padre, a esforzarme por la excelencia, no por las excusas. Amén.

Elijan ustedes mismos a quiénes van a servir... Por mi parte, mi familia y yo serviremos al Señor.

Josué 24:15, NVI

LIDERAR A SU FAMILIA SIRVIENDO A DIOS

En un mundo lleno de incontables obligaciones y frecuentes frustraciones, puede que seamos tentados a dar por sentada a nuestra familia. Pero Dios tiene otra intención.

Nuestras familias son preciosos regalos de nuestro Padre celestial. Si queremos ser los hombres y las mujeres rectos que Dios quiere, debemos ocuparnos de nuestros seres queridos haciendo tiempo para ellos, incluso cuando las demandas del día sean grandes.

Es innegable que estos son tiempos difíciles para los hogares cristianos; nunca han sido más grandes las distracciones y las tentaciones. Pero gracias que Dios es más grande que todos nuestros retos.

Ninguna familia es perfecta, y tampoco lo es la de usted. Pero a pesar de los inevitables retos, obligaciones y sentimientos dañados de la vida familiar, su clan es la bendición de Dios para usted. Ese pequeño grupo de hombres, mujeres, niños y bebés es un preciado tesoro que el Padre celestial nos ha prestado temporalmente. Dé gracias al Dador por el regalo de la familia... y actúe en consecuencia.

Consejo sabio

Su familia es un precioso regalo de lo alto, un regalo que debería ser atesorado, alimentado y amado.

Más que ningún otro único factor en los años de formación de la persona, la vida familiar forja el carácter.

John Maxwell

Una familia es un lugar donde los principios son inventados y afilados en el yunque de la vida diaria.

Charles Swindoll

Calmado y pacífico, el hogar debería ser el único lugar donde las personas tengan seguridad de que serán bienvenidas, recibidas, protegidas y amadas.

Ed Young

Toda familia cristiana debiera ser, por así decirlo, una pequeña iglesia, consagrada a Cristo y plenamente influenciada y gobernada por las reglas de Él.

Jonathan Edwards

Oración

Amado Señor, soy bendito por ser parte de la familia de Dios donde encuentro amor y aceptación. Tú también me has bendecido con familia terrenal. Que pueda mostrar amor y aceptación para mi propia familia de modo que por medio de mí, puedan llegar a conocerte. Amén.

*¡Sé fuerte y valiente, y pon manos a la obra! No tengas miedo ni te
desanimes, porque Dios el Señor, mi Dios, estará contigo.*

1 Crónicas 28:20, NVI

Más allá del temor al fracaso

Cuando consideramos las incertidumbres, somos confrontados con una potente tentación: la tentación a "jugar a lo seguro". Poco dispuestos a mover montañas, nos preocupamos por granos de arena. Poco dispuestos a entretener grandes esperanzas para el mañana, nos enfocamos en la injusticia del presente. Poco dispuestos a confiar en Dios por completo, damos tímidos medios pasos cuando Dios quiere que demos saltos de gigante.

El día de hoy, pida a Dios la valentía para ir más allá de las fronteras de sus dudas. Pídale que le guíe a un lugar donde pueda entender su pleno potencial: un lugar donde sea liberado del temor al fracaso. Pídale que Él haga su parte, y prometa que usted hará su parte. No le pida que le guíe a un lugar "seguro"; pídale que le guíe al lugar "correcto"… y recuerde: esos dos lugares en raras ocasiones son el mismo.

⤙ Consejo sabio ⤚

Si tiene demasiado temor al fracaso, puede que no viva a la altura de su potencial. Recuerde que el fracaso no es de ninguna manera tan malo como no intentarlo.

Llega un momento en que simplemente tenemos que afrontar los desafíos en nuestras vidas y dejar de retroceder.

John Eldredge

Con cada nueva experiencia de dejar que Dios tenga el control, obtenemos valores y fuerza para atrevernos a hacerlo una y otra vez.

Gloria Gaither

Se deben correr riesgos porque el mayor peligro en la vida es no arriesgarse a nada.

John Maxwell

No sea una de esas personas que, en lugar de arriesgarse a fracasar, nunca intentan nada.

Thomas Merton

Solamente una persona que se atreve a arriesgarse es libre.

Joey Johnson

 ORACIÓN

Querido Señor, incluso cuando tenga temor al fracaso, dame el valor de intentarlo. Recuérdame que contigo a mi lado, realmente no tengo nada que temer. Por lo tanto, hoy, Padre, viviré valientemente al poner mi fe en ti. Amén.

El comienzo de la sabiduría es el temor del Señor; conocer al Santo es tener discernimiento.

Proverbios 9:10, NVI

LOS LÍDERES SABIOS TEMEN A DIOS

¿Tiene un respeto saludable y temeroso por el poder de Dios? Si es así, es usted sabio y obediente. Y debido a que es un creyente atento, también entiende que la verdadera sabiduría comienza con un profundo aprecio del poder ilimitado de Dios.

Dios elogia la humildad y castiga el orgullo. Por eso los mayores siervos de Dios siempre serán los hombres y las mujeres humildes a quienes importa menos su propia gloria y más la gloria de Dios. En el reino de Dios, la única manera de alcanzar la grandeza es rehuirla. Y la única manera de ser sabio es entender estos hechos: Dios es grande; Él lo sabe todo; y Él es todopoderoso. Debemos respetarlo, y debemos obedecer humildemente sus mandamientos, o debemos aceptar las consecuencias de nuestro orgullo mal dirigido.

❦ CONSEJO SABIO ❦

Su respeto por Dios debería hacer que fuera temeroso a desobedecerle… muy temeroso.

Lo notable sobre temer a Dios es que cuando usted teme a Dios, no teme ninguna otra cosa, mientras que si no teme a Dios, teme todo lo demás.

Oswald Chambers

Si no temblamos delante de Dios, el sistema del mundo nos parece maravilloso y agradablemente nos consume.

James Montgomery Boice

Un temor de Dios saludable hará mucho para alejarnos del pecado.

Charles Swindoll

No es posible que hombres mortales pudieran ser dolorosamente conscientes de la presencia divina sin quedar llenos de temor.

C. H. Spurgeon

Cuando los verdaderos creyentes están asombrados por la grandeza de Dios y por el privilegio de llegar a ser sus hijos, entonces llegan a ser evangelistas eficaces y sinceramente motivados.

Bill Hybels

ORACIÓN

Amado Señor, que mi mayor temor sea el temor a no agradarte a ti. Me esforzaré, Padre, por obedecer tus mandamientos y buscar tu voluntad este día y cada día de mi vida. Amén.

Despojémonos del lastre que nos estorba, en especial del pecado que nos asedia, y corramos con perseverancia la carrera que tenemos por delante. Fijemos la mirada en Jesús, el iniciador y perfeccionador de nuestra fe.

Hebreos 12:1-2, NVI

El enfoque correcto

¿Cuál es su enfoque en este día? ¿Está dispuesto a enfocar sus pensamientos y energías en las bendiciones de Dios y en su voluntad para su vida? ¿O dirigir a sus pensamientos a otras cosas? Antes de responder, considere lo siguiente: Dios le creó a su propia imagen, y Él quiere que experimente gozo y abundancia. Pero Dios no forzará su gozo sobre usted; debe reclamarlo para usted mismo.

Este día, y cada día de aquí en adelante, es una oportunidad de celebrar la vida y las oportunidades que Dios le ha dado. Es también una ocasión de dar gracias a Aquel que le ha ofrecido más bendiciones de las que posiblemente podría usted contar.

Hoy, ¿por qué no enfocar sus pensamientos en el gozo que es legítimamente de usted en Cristo? ¿Por qué no tomar tiempo para celebrar la gloriosa creación de Dios? ¿Por qué no confiar en sus esperanzas en lugar de en sus temores? Cuando lo haga, pensará de modo optimista sobre usted mismo y su mundo… y puede entonces compartir su optimismo con los demás. Ellos estarán mejor debido a eso, y usted también.

CONSEJO SABIO

Ningún arroyo o río conduce nunca ninguna cosa hasta que está limitado. Ningún Niágara es convertido nunca en luz y potencia hasta que está controlado. Ninguna vida crece nunca hasta que está enfocada, dedicada, disciplinada.

Harry Emerson Fosdick

Para propósitos de acción, nada es más útil que la estrechez de pensamiento combinada con energía de voluntad.

Henri Frédéric Amiel

Puede tener usted cualquier cosa que quiera, si lo quiere con la suficiente fuerza. Puede usted ser cualquier cosa que quiera ser y puede hacer cualquier cosa que se proponga lograr si se aferra a ese deseo con claridad de propósito.

Abraham Lincoln

No permita que la preocupación le robe el gozo que es legítimamente de usted. Dios está en el cielo, y conoce cada una de sus necesidades. Enfóquese en Dios y en sus provisiones, y observe agradecidamente mientras las preocupaciones del presente comienzan a desvanecerse.

Marie T. Freeman

ORACIÓN

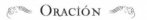

Amado Señor, ayúdame a afrontar este día con un espíritu de optimismo y agradecimiento. Y permíteme enfocar mis pensamientos en ti y en tus dones incomparables. Amén.

Y decía a todos: Si alguno quiere venir en pos de mí, niéguese a sí mismo, tome su cruz cada día, y sígame. Porque todo el que quiera salvar su vida, la perderá; y todo el que pierda su vida por causa de mí, éste la salvará.

Lucas 9:23-24, RVR-1960

SÍGALO

Jesús camina con usted. ¿Está caminando usted con Él? Es de esperar que usted escoja caminar con Él hoy y cada día de su vida.

Jesús le amó tanto que soportó una humillación y sufrimiento indescriptibles por usted. ¿Cómo responderá al sacrificio de Cristo? ¿Seguirá las instrucciones de Lucas 9:23 tomando su cruz y siguiéndolo a Él? ¿O escogerá otro camino? Cuando pone sus esperanzas por completo a los pies de la cruz, cuando sitúa a Jesús en el centro de su vida, será bendecido. Si quiere ser un discípulo de Jesús digno, debe reconocer que Él nunca está en "segundo lugar". Él siempre ocupa el primer lugar.

¿Espera cumplir el propósito de Dios para su vida? ¿Busca una vida de abundancia y paz? ¿Quiere ser un cristiano no solamente de nombre, sino de hecho? Entonces siga a Cristo. Sígalo a Él agarrando su cruz hoy y cada día que viva. Cuando lo haga, enseguida descubrirá que el amor de Cristo tiene el poder de cambiarlo todo, incluido usted.

Consejo sabio

El liderazgo centrado en Cristo no es fácil. Se necesita un compromiso radical, y sacrificios importantes, para seguir realmente a Jesús. Y vale la pena.

Tenemos en Jesucristo un ejemplo perfecto de cómo poner la verdad de Dios en práctica.

Bill Bright

Cuando vivimos momento a momento bajo el control del Espíritu, su carácter, que es el carácter de Jesús, se hace evidente ante quienes nos rodean.

Anne Graham Lotz

Nuestras batallas en primer lugar se ganan o se pierden en los lugares secretos de nuestra voluntad en la presencia de Dios, nunca a plena vista del mundo.

Oswald Chambers

Oración

Querido Jesús, mi vida ha sido cambiada para siempre por tu amor y sacrificio. Hoy te alabaré, te honraré y caminaré contigo. Amén.

Porque yo sé muy bien los planes que tengo para ustedes —afirma el Señor—, planes de bienestar y no de calamidad, a fin de darles un futuro y una esperanza. Entonces ustedes me invocarán, y vendrán a suplicarme, y yo los escucharé.

Jeremías 29:11-12, NVI

Su futuro muy brillante

D ebido a que somos salvos por un Cristo resucitado, podemos tener esperanza para el futuro, sin importar lo inquietantes que puedan parecer nuestras actuales circunstancias. Después de todo, Dios ha prometido que somos suyos por la eternidad. Y Él nos ha dicho que debemos poner nuestras esperanzas en Él.

Desde luego, nos enfrentaremos con desengaños y fracasos mientras estemos aquí en la tierra, pero son solamente derrotas temporales. Este mundo puede ser un lugar de pruebas y tribulaciones, pero cuando ponemos nuestra confianza en el Dador de todo lo bueno, estamos seguros. Dios nos ha prometido paz, y vida eterna. Y Dios guarda sus promesas hoy, mañana y por siempre.

¿Está dispuesto a poner su futuro en las manos de un Dios amoroso y que todo lo sabe? ¿Confía en la bondad suprema del plan que Él tiene para su vida? ¿Afrontará los desafíos del presente con optimismo y esperanza? Debería. Después de todo, Dios le creó con un propósito muy importante: el propósito de Él. Y usted sigue teniendo trabajo importante que hacer: el trabajo de Él.

En este día, al vivir en el presente y mirar al futuro, recuerde que Dios tiene un plan para usted. Actúe, y crea, en consecuencia.

CONSEJO SABIO

Incluso cuando el mundo parece oscuro, el futuro es brillante para aquellos que miran al Hijo.

Toda experiencia que Dios nos da, cada persona que Él trae a nuestras vidas, es la preparación perfecta para el futuro que solamente Él puede ver.

Corrie ten Boom

El futuro está delante de nosotros. ¿Será solamente un ligero avance sobre lo que normalmente hacemos? ¿Acaso no debiera ser un salto hacia adelante para llegar a alturas de logro y éxito que nunca antes habíamos soñado?

Annie Armstrong

Cobre aliento. Caminamos en el desierto hoy y en la tierra prometida mañana.

D. L. Moody

ORACIÓN

Amado Señor, mi esperanza está en ti. Dame la valentía para afrontar el futuro con seguridad, y dame la sabiduría para seguir los pasos de tu Hijo, hoy y por siempre. Amén.

Pero esto digo: El que siembra escasamente, también segará escasamente; y el que siembra generosamente, generosamente también segará. Cada uno dé como propuso en su corazón: no con tristeza, ni por necesidad, porque Dios ama al dador alegre.

2 Corintios 9:6-7, RVR-1960

LOS LÍDERES SABIOS SON GENEROSOS

El hilo de la generosidad está tejido, completamente e indisolublemente, en el núcleo mismo de las enseñanzas de Cristo. Cuando envió a sus discípulos a sanar a los enfermos y difundir el mensaje de salvación de Dios, Jesús ofreció este principio como guía: "Lo que ustedes recibieron gratis, denlo gratuitamente" (Mateo 10:8, NVI). El principio se sigue aplicando. Si queremos hacer discípulos de Cristo, debemos dar gratuitamente de nuestro tiempo, nuestras posesiones y nuestro amor.

En 2 Corintios 9, Pablo nos recuerda que cuando sembramos las semillas de la generosidad, cosechamos abundantes recompensas según el plan de Dios para nuestra vida. Por lo tanto, se nos enseña que demos alegremente y sin reservas. Así, en este día haga esta promesa y cúmplala: sea un dador alegre, generoso y valiente. El mundo necesita su ayuda, y usted necesita las recompensas espirituales que serán suyas cuando la dé.

CONSEJO SABIO

Dios le ha dado mucho a usted, y quiere que usted comparta sus regalos con los demás.

Nunca somos más semejantes a Dios que cuando damos.

Charles Swindoll

Dios no necesita nuestro dinero. Pero usted y yo necesitamos la experiencia de darlo.

James Dobson

Las personas más felices y más gozosas son aquellas que dan dinero y sirven.

Dave Ramsey

Vida abundante significa ofrenda abundante.

E. Stanley Jones

Dios no proporciona dinero para satisfacer cada uno de nuestros caprichos y deseos. Su promesa es satisfacer nuestras necesidades y proporcionar una abundancia para que podamos ayudar a otras personas.

Larry Burkett

 ORACIÓN

Señor, tú me has dado mucho. Que pueda compartir mis bendiciones con quienes tienen necesidad. Hazme un líder cristiano generoso y humilde, Señor, y que la gloria sea para ti, y solamente para ti. Amén.

No tendrás dioses ajenos delante de mí.

Éxodo 20:3, RVR-1960

Los líderes sabios ponen a Dios en primer lugar

¿Es Dios su principal prioridad? ¿Le ha entregado a su Hijo su corazón, su alma, sus talentos y su tiempo? ¿O tiene el hábito de dar a Dios poco más que unas pocas horas de la mañana del domingo? Las respuestas a esas preguntas determinarán la dirección de su vida y la calidad de su liderazgo.

Al pensar en su propia relación con Dios, recuerde lo siguiente: toda la humanidad participa en la práctica de la adoración. Algunas personas escogen adorar a Dios y, como resultado, cosechan el gozo que Él quiere para sus hijos. Otros se distancian de Dios adorando cosas como posesiones terrenales o gratificación personal… y cuando lo hacen, sufren.

En el libro de Éxodo, Dios advierte que no deberíamos tener otros dioses delante de Él. Sin embargo, con demasiada frecuencia ponemos a nuestro Señor en segundo lugar a la vez que adoramos a los dioses del orgullo, la avaricia, el poder o la lujuria.

Cuando ponemos nuestros deseos de posesiones materiales por delante de nuestro amor por Dios, o cuando nos rendimos a las tentaciones de la carne, nos encontramos metidos en una lucha que es similar a la que Jesús enfrentó cuando fue tentado por Satanás. En el desierto, Satanás ofreció a Jesús poder terrenal y riquezas inimaginables, pero Jesús rechazó a Satanás y escogió en cambio adorar a Dios. Nosotros debemos hacer lo mismo poniendo a Dios en primer lugar y adorándolo solamente a Él.

¿Gobierna Dios su corazón? Asegúrese de que la sincera respuesta a esta pregunta sea un rotundo sí. En la vida de todo creyente recto, Dios está en primer lugar. Y ese es precisamente el lugar que Él se merece también en su corazón.

CONSEJO SABIO

Al establecer prioridades para su día y para su vida, Dios merece el primer lugar. Y usted merece la experiencia de ponerle a Él ahí.

Jesucristo es el primero y el último, autor y perfeccionador, principio y fin, alfa y omega, y por Él se sostienen todas las demás cosas. Él debe ser primero o nada. ¡Dios nunca está en segundo lugar!

Vance Havner

ORACIÓN

Amado Señor, mantenme consciente de la necesidad de ponerte a ti en primer lugar en cada aspecto de mi vida. Tú me has bendecido sin medida, Padre, y te alabaré con mis pensamientos, mis oraciones, mi testimonio y mi servicio, en este día y cada día. Amén.

Reconócelo en todos tus caminos, y él enderezará tus veredas.

Proverbios 3:6, RVR-1960

LOS LÍDERES SABIOS BUSCAN LA GUÍA DE DIOS

Cuando buscamos genuinamente conocer el corazón de Dios, cuando buscamos en oración su sabiduría y su voluntad, nuestro Padre celestial nos guía cuidadosamente por las cumbres y los valles de la vida. Y como cristianos, podemos ser consolados: ya sea que nos encontremos en la cumbre de la montaña o en las profundidades más oscuras del valle, el amoroso corazón de Dios está siempre ahí con nosotros.

Como cristianos cuya salvación ha sido comprada por la sangre de Cristo, tenemos todas las razones para vivir, y para liderar, con valentía. Después de todo, Cristo ya ha luchado y ganado nuestra batalla por nosotros. Él lo hizo en la cruz en el Calvario. Pero a pesar del sacrificio de Cristo, y a pesar de las promesas de Dios, puede que lleguemos a estar confusos o desorientados por las interminables complicaciones e incontables distracciones de la vida.

Si no está seguro de cuál será su siguiente paso, confíe en las promesas de Dios y eleve sus oraciones a Él. Recuerde que Dios está siempre cerca; recuerde que Él es su protector y su libertador. Ábrase al corazón de Él, y confíe en que Él enderezará su camino. Cuando lo haga, Dios dirigirá sus pasos, y recibirá sus bendiciones hoy, mañana, y por toda la eternidad.

CONSEJO SABIO

Si quiere la guía de Dios, pídala. Cuando ore pidiendo guía, Dios se la dará.

Disfrute de la aventura de recibir la dirección de Dios. Gústela, gócese en ella, aprecie el hecho de que el viaje es con frecuencia mucho más emocionante que llegar al destino.

Bill Hybels

Camine a la luz del día de la voluntad de Dios porque entonces estará seguro; no tropezará.

Anne Graham Lotz

Es un gozo que Dios nunca abandona a sus hijos. Él guía fielmente a todos aquellos que escuchan sus instrucciones.

Corrie ten Boom

ORACIÓN

Hoy, Señor, permíteme contar mis bendiciones con gratitud en mi corazón. Tú me has cuidado, Señor, y te daré la gloria y la alabanza. Que acepte tus bendiciones y tus dones, y las comparta con otros, al igual que tú antes las compartiste conmigo. Amén.

El corazón del rey es como un arroyo dirigido por el Señor, quien lo guía por donde él quiere.

Proverbios 21:1, NTV

LOS LÍDERES SABIOS BUSCAN EL RESPALDO DE DIOS

Es fácil llegar a estar abrumado por las demandas de la vida diaria, pero si es usted un fiel seguidor del Hombre de Galilea, no necesita nunca estar abrumado. ¿Por qué? Porque el amor de Dios es suficiente para satisfacer sus necesidades. A pesar de cualquier peligro que pueda afrontar, cualquier sufrimiento que deba soportar, Dios está con usted, y Él está listo para consolarle y sanarle.

El salmista escribió: "Por la noche durará el lloro, y a la mañana vendrá la alegría" (Salmos 30:5, RVR-1960). Pero cuando estamos sufriendo, la mañana puede parecer muy lejana. No lo está. Dios promete que Él "está cerca de los quebrantados de corazón" (Salmos 34:18, NVI).

Si está experimentando el intenso dolor de una reciente pérdida, si aún está triste por una pérdida de hace mucho tiempo, quizá ahora esté preparado para comenzar la siguiente etapa de su viaje con Dios. Si es así, tenga en mente el siguiente hecho: el amoroso corazón de Dios es suficiente para satisfacer cualquier reto, incluido el de usted.

Consejo sabio

Cualquier cosa que necesite, Dios puede proveer. Él es siempre suficiente para satisfacer sus necesidades.

Encontraremos en Cristo suficiente de todo lo que necesitamos, para el cuerpo, para la mente y para el espíritu, para hacer lo que Él quiere que hagamos durante tanto tiempo como Él quiera que lo hagamos.

Vance Havner

La ayuda de Dios está cerca y siempre disponible, pero se da solamente a quienes la buscan.

Max Lucado

¡Qué maestro tan agradable, qué proveedor tan tierno, qué dador tan abundante es mi Padre! Gloria, gloria a ti, Dios Altísimo manifestado.

Jim Elliot

Oración

Amado Señor, hoy vengo a ti buscando dirección. Confiaré que tú me muestres el camino que debo tomar, y me esforzaré, todo lo que pueda, por seguir los pasos de tu Hijo. Amén.

Si el Señor no edifica la casa, en vano se esfuerzan los albañiles. Si el Señor no cuida la ciudad, en vano hacen guardia los vigilantes.

Salmos 127:1, NVI

LOS LÍDERES SABIOS SABEN QUE DIOS PROTEGE A SUS HIJOS

¿Se ha enfrentado alguna vez a desafíos de liderazgo que parecían demasiado grandes para poderlos manejar? ¿Ha afrontado alguna vez problemas grandes que, a pesar de sus mejores esfuerzos, simplemente no podían resolverse? Si es así, usted sabe lo incómodo que es sentirse indefenso ante circunstancias difíciles. Afortunadamente, incluso cuando no hay ningún otro lugar donde acudir, puede llevar sus pensamientos y oraciones a Dios, y Él responderá.

La mano de Dios levanta a quienes llevan sus corazones y sus oraciones a Él. Cuéntese usted mismo entre ese número. Cuando lo hace, puede vivir valientemente y con gozo, sabiendo que "esto también pasará"; pero que el amor de Dios por usted no pasará. Y puede obtener fuerzas del conocimiento de que es usted una creación maravillosa, amado, protegido y levantado por la mano de Dios siempre presente.

CONSEJO SABIO

Cuando está en el centro de la voluntad de Dios, está en el centro de la protección de Dios.

Cuando cae y se magulla las rodillas y se magulla el corazón, Él le levantará.

Charles Stanley

Mi caso es urgente, y no veo cómo voy a ser liberado; pero eso no es asunto mío. Aquel que hace la promesa encontrará maneras y medios de cumplirla. A mí me corresponde obedecer su mandato; no me corresponde dirigir sus consejos. Yo soy su siervo, no su abogado. Yo clamo a Él, y Él liberará.

C. H. Spurgeon

Las pruebas no son enemigos de la fe sino oportunidades para revelar la fidelidad de Dios.

Barbara Johnson

No hay lugar más seguro donde vivir que el centro de su voluntad.

Calvin Miller

ORACIÓN

Amado Señor, tú me has bendecido con mucho: tu amor, tu misericordia y tu gracia. Capacítame para ser misericordioso con los demás, Padre, al igual que tú has sido misericordioso conmigo de modo que pudiera compartir tu amor con todos los que se crucen en mi camino. Amén.

El Señor es mi pastor, nada me falta; en verdes pastos me hace descansar. Junto a tranquilas aguas me conduce; me infunde nuevas fuerzas.

Salmos 23:1-3, NVI

LOS LÍDERES SABIOS SABEN QUE DIOS ES SU PASTOR

D avid, el autor del Salmo 23, entendió que Dios era su escudo, su protector y su salvación. Y si somos sabios, también nosotros lo entenderemos. Después de todo, Dios ha prometido protegernos, y tiene intención de cumplir su promesa.

En un mundo lleno de peligros y tentaciones, Dios es la armadura suprema. En un mundo lleno de mensajes equívocos, la Palabra de Dios es la verdad suprema. En un mundo lleno de más frustraciones de las que podemos contar, el Hijo de Dios ofrece la paz suprema.

¿Aceptará usted la paz de Dios y llevará la armadura de Dios contra los peligros de nuestro mundo? Es de esperar que así sea, porque cuando lo hace, puede vivir con valentía, sabiendo que posee la protección suprema: el fiel amor de Dios por usted.

El mundo no ofrece ninguna red de seguridad, pero Dios sí lo hace. Él envió a su Hijo unigénito para ofrecerle el preciado don de la vida eterna. Y ahora tiene usted el desafío de regresar el amor de Dios obedeciendo sus mandamientos y honrando a su Hijo.

A veces, en la multitud de cosas de la vida diaria, Dios puede parecer lejano, pero no lo está. Dios está en todas partes donde usted haya estado nunca y en todo lugar donde estará alguna vez. Él está con usted día y noche; Él conoce sus pensamientos y sus oraciones. Y cuando usted busca sinceramente su protección, la encontrará porque Él está aquí, siempre, esperando con paciencia que usted se acerque a Él. Y el siguiente movimiento, desde luego, es el de usted.

CONSEJO SABIO

La seguridad terrenal es una ilusión. Su única verdadera seguridad proviene del amoroso corazón de Dios.

Dios no promete guardarnos de las tormentas y las inundaciones, pero sí promete sostenernos en la tormenta, y después sacarnos a su debido tiempo para su gloria cuando la tormenta haya realizado su obra.

Warren Wiersbe

Guardado por el poder de Él: esa es la única seguridad.

Oswald Chambers

ORACIÓN

Amado Señor, buscaré sinceramente tu voluntad para mi vida. Tú tienes un plan para mí que nunca puedo comprender plenamente; pero tú entiendes. Y confiaré en ti en este día, mañana y para siempre. Amén.

Encomienda al Señor tus afanes, y él te sostendrá; no permitirá que el justo caiga.

Salmos 55:22, NVI

DÓNDE PONER SUS CARGAS

La Palabra de Dios contiene promesas de las cuales nosotros, como cristianos, podemos y debemos depender. La Biblia es un regalo precioso, una herramienta que Dios quiere que utilicemos en cada aspecto de nuestra vida. Demasiados cristianos, sin embargo, mantienen su caja de herramientas espiritual fuertemente cerrada y fuera de la vista.

El Salmo 55:22 nos enseña que pongamos nuestras cargas sobre el Señor. Y ese es un consejo perfecto para hombres, mujeres y niños igualmente.

¿Está usted cansado? ¿Desalentado? ¿Temeroso? Sea consolado y confíe en las promesas que Dios le ha hecho. ¿Está preocupado o ansioso? Tenga confianza en el poder de Dios. Él nunca le abandonará. ¿Ve un futuro difícil por delante? Sea valiente y clame a Dios. Él le protegerá y después le usará según sus propósitos. ¿Está usted confuso? Escuche la tranquila voz de su Padre celestial. Él no es un Dios de confusión. Hable con Él; escúchelo; confíe en Él y confíe en sus promesas. Él es firme, y Él es su protector… por siempre.

⁓ CONSEJO SABIO ⁓

Dios es lo bastante grande para manejar los desafíos que usted tiene. Corrie ten Boom aconsejaba. "La suficiencia de Dios es lo importante. La incapacidad de usted ocupa un segundo plano. Domine en lo importante, no en el segundo plano". Eso lo dice todo.

Fe no es meramente que usted se aferre a Dios; es Dios aferrándose a usted.

E. Stanley Jones

Mida el tamaño de los obstáculos con el tamaño de Dios.

Beth Moore

Dios quiere revelarse como su Padre celestial. Cuando usted está sufriendo, puede correr a Él y situarse en su regazo. Cuando se pregunta qué camino tomar, puede agarrarse a la fuerte mano de Él, y le guiará en el camino de la vida. Cuando todo lo que le rodea se esté desmoronando, sentirá el brazo de su Padre sobre su hombro para mantenerle firme.

Lisa Whelchel

 ORACIÓN

Amado Señor, al afrontar los desafíos de este día, tú me protegerás. Te doy gracias, Padre, por tu amor y por tu fortaleza. Confiaré en ti en este día y por siempre. Amén.

Todo tiene su tiempo, y todo lo que se quiere debajo del cielo tiene su hora.

Eclesiastés 3:1, RVR-1960

LOS LÍDERES SABIOS CONFÍAN EN EL TIEMPO DE DIOS

A veces, lo más difícil de hacer es esperar. Esto es especialmente cierto cuando estamos con prisa y cuando queremos que las cosas sucedan ahora, ¡si no más pronto! Pero el plan de Dios no siempre se produce de la manera en que nos gustaría o en el momento en que nosotros escogeríamos. Nuestra tarea, como hombres y mujeres considerados que confían en un Padre benevolente y que todo lo sabe, es esperar pacientemente a que Dios se revele a sí mismo.

Los seres humanos sabemos precisamente lo que queremos, y sabemos exactamente cuándo lo queremos. Pero Dios tiene un plan mucho mejor para cada uno de nosotros. Él ha creado un mundo que se despliega según su propio horario, y no según el nuestro… ¡gracias a Dios! Y si somos sabios, confiaremos en Él y esperaremos con paciencia. Después de todo, Él es digno de nuestra confianza, y Él siempre sabe lo que es mejor.

⟡ CONSEJO SABIO ⟡

Usted no sabe precisamente lo que necesita, o cuándo lo necesita, pero Dios sí lo sabe. Por lo tanto, confíe en el tiempo de Él.

Dios no promete guardarnos de las tormentas y las inunda-ciones, pero sí promete sostenernos en la tormenta, y después sacarnos a su debido tiempo para su gloria cuando la tormenta haya realizado su obra.

Warren Wiersbe

Cuando nuestros planes son interrumpidos, los de Él no lo son. Sus planes proceden exactamente según lo previsto, movién-donos siempre, incluidos esos minutos o esas horas o años que parecen inútiles, desperdiciados o intolerables, hacia la meta de la verdadera madurez.

Elisabeth Elliot

Sus tiempos están en manos de Él. Él está a cargo del calendario, de modo que espere con paciencia.

Kay Arthur

Las demoras de Dios y sus caminos pueden ser confusos debido a que el proceso que Dios utiliza para llevar a cabo su voluntad puede ir en contra de la lógica humana y el sentido común.

Anne Graham Lotz

ORACIÓN

Querido Señor, tu sabiduría es infinita, y el tiempo de tu plan celes-tial es perfecto. Tú tienes un plan para mi vida que es más grande de lo que yo pueda imaginar. Cuando sea impaciente, recuérdame que tú nunca llegas temprano o tarde. Tú siempre llegas a tiempo. Padre, que confíe en ti. Amén.

Toda la Escritura es inspirada por Dios, y útil para enseñar, para redargüir, para corregir, para instruir en justicia, a fin de que el hombre de Dios sea perfecto, enteramente preparado para toda buena obra.

2 Timoteo 3:16-17, RVR-1960

LOS LÍDERES SABIOS DEPENDEN DE LA ESCRITURA

¿Es el estudio de la Biblia una alta prioridad para usted? La respuesta a esta sencilla pregunta determinará, hasta un grado sorprendente, la calidad de su vida y la dirección de su fe.

A medida que establece prioridades para su vida, debe decidir si la Palabra de Dios será una brillante luz que guíe su camino cada día o una débil luz que ocasionalmente destella en la oscuridad. La decisión de estudiar la Biblia, o no hacerlo, es de usted, y solamente de usted. Pero no se equivoquen: el modo en que decida utilizar su Biblia tendrá una profunda influencia en usted y en sus seres queridos.

George Mueller observó: "El vigor de nuestra vida espiritual estará en exacta proporción al lugar que la Biblia ocupe en nuestra vida y en nuestros pensamientos". Piénselo de esta manera: cuanto más utilice su Biblia, más le utilizará Dios a usted.

Quizá sea uno de esos cristianos que poseen una estantería llena de Biblias que no leen. Si es así, recuerde el viejo dicho. "Una Biblia en la mano vale más que dos en la estantería". O quizá sea una de esas personas que simplemente está "demasiado ocupada" para encontrar tiempo para una dosis diaria de oración y estudio de la Biblia. Si es así, recuerde la vieja frase: "Es difícil tropezar cuando se está de rodillas".

La Palabra de Dios puede ser un mapa de ruta hacia un lugar de rectitud y abundancia. Haga que ella sea su mapa de ruta. La sabiduría de Dios puede ser una luz para guiar sus pasos. Reclámela como su luz hoy, mañana y cada día de su vida; y entonces camine confiado en los pasos del Hijo unigénito de Dios.

CONSEJO SABIO

Dios quiere que usted utilice su Palabra como su guía para la vida y para el liderazgo. Sus intenciones deberían ser las mismas.

Mi meditación y mi estudio me han demostrado que, como Dios, su Palabra es santa, eterna, absolutamente cierta, poderosa, personalmente justa, y que nunca cambia.

Bill Bright

ORACIÓN

Padre celestial, tu santa Palabra es una luz para el mundo; permite que la estudie, confíe en ella y la comparta con todo aquel que se cruce en mi camino. En todo lo que haga, ayúdame a ser un testigo digno para ti cuando comparto las buenas nuevas de tu Hijo perfecto y tu Palabra perfecta. Amén.

Así que en todo traten ustedes a los demás tal y como quieren que ellos los traten a ustedes. De hecho, esto es la ley y los profetas.

Mateo 7:12, NVI

LOS GRANDES LÍDERES OBEDECEN LA REGLA DE ORO

Las palabras de Mateo 7:12 nos recuerdan que, como creyentes en Cristo, se nos ordena tratar a los demás como nos gustaría que nos tratasen. Este mandamiento es, ciertamente, la Regla de Oro para los cristianos de cada generación. Cuando entretejemos el hilo de la bondad en el tejido mismo de nuestra vida, damos gloria a Aquel que entregó su vida por la nuestra.

Debido a que somos seres humanos imperfectos, somos, en ocasiones, egoístas, descuidados o crueles. Pero Dios nos manda que nos comportemos de otro modo. Él nos enseña a elevarnos por encima de nuestras propias imperfecciones y tratar a los demás con desprendimiento y amor. Cuando observamos la regla de oro de Dios, ayudamos a edificar su reino aquí en la tierra. Y cuando compartimos el amor de Cristo, compartimos un regalo incalculable; que lo compartamos en este día y cada día que vivamos.

CONSEJO SABIO

Cuando tengamos duda, seamos un poco más amables de lo necesario.

La Regla de Oro a seguir para obtener entendimiento espiritual no es una de búsqueda intelectual, sino de obediencia.

Oswald Chambers

La fe nunca pregunta si hay que hacer buenas obras, sino que las ha hecho antes de que haya tiempo para hacer la pregunta, y siempre las está haciendo.

Martín Lutero

El amor no acapara, ni es egoísta y egocéntrico. El amor verdadero es capaz de aportar a la felicidad de otra persona sin esperar obtener nada a cambio.

James Dobson

Descubra cuánto le ha dado Dios y de ello tome lo que necesite; el resto lo necesitan los demás.

San Agustín

ORACIÓN

Amado Señor, que trate yo a los demás como me gustaría ser tratado. Debido a que espero bondad, que sea yo bondadoso. Debido a que deseo ser amado, que sea amoroso. Debido a que necesito perdón, que sea yo misericordioso. En todas las cosas, Señor, que pueda vivir según la Regla de Oro que es el mandamiento de tu Hijo Jesús. Amén.

El que perdona la ofensa cultiva el amor; el que insiste en la ofensa divide a los amigos.

Proverbios 17:9, NVI

LOS LÍDERES SABIOS NO MURMURAN

La Biblia nos dice claramente que la murmuración está mal. Pero cuando se trata de las confidencias especiales que usted comparte con sus amigos más íntimos, la murmuración puede ser desastrosa.

La Biblia nos recuerda: "El charlatán hiere con la lengua como con una espada, pero la lengua del sabio brinda alivio" (Proverbios 12:18, NVI). Por lo tanto, si queremos resolver más problemas de los que comenzamos, debemos medir nuestras palabras con cuidado, y nunca debemos traicionar una confidencia. Pero a veces incluso los más considerados entre nosotros pueden hablar primero y pensar después (con resultados decididamente mezclados).

Cuando hablamos con demasiada rapidez, puede que digamos cosas que habría sido mejor no haber dicho. Cuando desaprovechamos la maravillosa oportunidad de considerar nuestros pensamientos antes de darles voz, nos situamos a nosotros mismos y a nuestras relaciones en peligro.

Una estrategia mucho mejor, desde luego, es hacer lo más difícil: pensar primero y hablar después. Cuando lo hacemos, nos damos a nosotros mismos amplitud de tiempo para componer nuestros pensamientos y para consultar con nuestro Creador antes de decir algo que más tarde podríamos lamentar.

Consejo sabio

Cuando hable de otras personas, utilice esta pauta: no diga nada a las espaldas de alguien que no diría a esa persona directamente.

Deseche todo enojo y mire un poco en su interior. Recuerde que aquel de quien usted está hablando es su hermano y, como está en el camino de la salvación, Dios puede hacerle un santo, a pesar de su presente debilidad.

S. Tomás de Villanova

Vaya a la iglesia a orar, no a murmurar.

S. Bonifacio de Mainz

Deberíamos tener una gran paz si no nos ocupáramos de lo que otros dicen y hacen.

Thomas á Kempis

Un pequeño consejo amable es mejor que una gran cantidad de burla.

Fanny Crosby

Oración

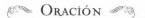

Amado Señor, es tentador murmurar, pero está mal. Hoy y cada día, ayúdame a expresar palabras que sean agradables a ti, y ayúdame a tratar a otras personas del mismo modo que quiero que ellos me traten a mí. Amén.

Estén siempre alegres, oren sin cesar, den gracias a Dios en toda situación, porque esta es su voluntad para ustedes en Cristo Jesús.

1 Tesalonicenses 5:16-18, NVI

Los líderes sabios son agradecidos

Para la mayoría de nosotros, la vida es ajetreada y complicada. Tenemos incontables responsabilidades, algunas de las cuales comienzan antes de que salga el sol, y muchas de las cuales terminan mucho después del atardecer. En medio de la agitación de la vida cotidiana, es fácil perder de vista a Dios y sus bendiciones. Pero cuando olvidamos aminorar la marcha y decir "gracias" a nuestro Creador, nos robamos a nosotros mismos su presencia, su paz y su gozo. Su tarea, como líder cristiano, es alabar a Dios muchas veces cada día. Entonces, con gratitud en su corazón, puede afrontar sus obligaciones diarias con la perspectiva y el poder que solamente Él puede proporcionar.

❧ Consejo sabio ❧

Desarrollar una actitud de gratitud es clave para una vida gozosa y satisfactoria. Por lo tanto, hágase la siguiente pregunta: "¿Soy lo bastante agradecido?".

Reflexione en sus bendiciones actuales, de las cuales todo hombre tiene muchas; no en sus pasadas desgracias, de las cuales todos los hombres tienen algunas.

Charles Dickens

Llegamos a ser personas felices y espiritualmente prósperas no debido a que recibimos lo que queremos, sino debido a que apreciamos lo que tenemos.

Penelope Stokes

El contentamiento llega cuando desarrollamos una actitud de gratitud por las cosas importantes que tenemos en nuestra vida y que tendemos a dar por sentadas si tenemos nuestros ojos mirando con anhelo las cosas de nuestro prójimo.

Dave Ramsey

Es solamente con gratitud como la vida se vuelve abundante.

Dietrich Bonhoeffer

Si no llenamos nuestro corazón de gratitud, el diablo lo llenará de alguna otra cosa.

Marie T. Freeman

ORACIÓN

Amado Señor, tú me has dado mucho; cuando pienso en tu gracia y tu bondad, me siento humillado y agradecido. En este día te alabaré, no sólo mediante mis palabras sino también mediante mis obras. Que las palabras que declare y las acciones que realice te den honor a ti y a tu Hijo. Amén.

Por tanto, vayan y hagan discípulos de todas las naciones, bauti-
zándolos en el nombre del Padre y del Hijo y del Espíritu Santo,
enseñándoles a obedecer todo lo que les he mandado a ustedes. Y les
aseguro que estaré con ustedes siempre, hasta el fin del mundo.

Mateo 28:19-20, NVI

La Gran Comisión

¿Es usted un cristiano tímido, que tiene temor a hablar por su Salvador? ¿Deja que sean otros quienes compartan sus testimonios mientras usted se queda a un lado, renuente a compartir el suyo? Demasiados de nosotros somos lentos para obedecer el último mandamiento del Cristo resucitado; no hacemos todo lo posible por hacer "discípulos de todas las naciones".

La gran comisión de Cristo se aplica a cristianos de toda generación, incluida la nuestra. Como creyentes, se nos ordena compartir las buenas nuevas con nuestra familia, con nuestro prójimo y con el mundo. Jesús invitó a sus discípulos a convertirse en pescadores de hombres. También nosotros debemos aceptar la invitación del Salvador, y debemos hacerlo hoy. Mañana puede que ciertamente sea demasiado tarde.

Consejo sabio

El mejor día para responder a la gran comisión de Cristo es este día.

No puede mantenerse en silencio cuando ha experimentado la salvación de Jesucristo.

Warren Wiersbe

Nuestra comisión es bastante específica. Se nos dice que seamos testigos de Él a todas las naciones. Para nosotros, como sus discípulos, negar cualquier parte de esta comisión frustra el amor de Jesucristo, el Hijo de Dios.

Catherine Marshall

Hay muchas almas tímidas a quienes empujamos mañana y tarde cuando pasamos por su lado; pero si solamente expresáramos la palabra amable, ellos podrían llegar a ser persuadidos.

Fanny Crosby

Su luz es la verdad del mensaje del evangelio mismo al igual que su testimonio de quién es Jesús y lo que Él ha hecho por usted. No lo esconda.

Anne Graham Lotz

ORACIÓN

Querido Señor, que comparta las buenas nuevas de tu Hijo Jesús. Que la vida que vivo y las palabras que hablo sean un testimonio de mi fe en Él. Y que comparta la historia de mi salvación con otros de modo que también ellos puedan recibir sus dones eternos. Amén.

Sobre toda cosa guardada, guarda tu corazón; porque de él mana la vida.

Proverbios 4:23, RVR-1960

LOS LÍDERES SABIOS ENTIENDEN QUE LOS HÁBITOS IMPORTAN

Es un viejo dicho, y es verdadero: primero, formamos nuestros hábitos, y entonces nuestros hábitos nos forman a nosotros. Algunos hábitos inevitablemente le llevarán más cerca de Dios; otros hábitos le alejarán del camino que Él ha escogido para usted. Si desea sinceramente mejorar su salud espiritual, debe examinar honestamente los hábitos que forman el tejido de su día. Y debe abandonar esos hábitos que sean desagradables ante Dios.

Si confía en Dios, y sigue pidiéndole su ayuda, Él puede transformar su vida. Si le pide sinceramente que le ayude, el mismo Dios que creó el universo le ayudará a derrotar los hábitos dañinos que hasta ahora le han derrotado. Por lo tanto, si al principio no tiene éxito, siga orando. Dios escucha, y está preparado para ayudarle a llegar a ser una mejor persona si usted se lo pide… así que pídaselo hoy.

❧ CONSEJO SABIO ❧

Ya que las conductas se convierten en hábitos, haga que trabajen con usted y no contra usted.

E. Stanley Jones

Nunca cambiará su vida hasta que cambie algo que hace diariamente.

John Maxwell

Puede edificar un conjunto de buenos hábitos de modo que habitualmente tome el camino cristiano sin pensarlo.

E. Stanley Jones

Comience a ser ahora lo que será usted más adelante.

S. Jerónimo

Si quiere formar un nuevo hábito, póngase a trabajar. Si quiere romper un mal hábito, póngase de rodillas.

Marie T. Freeman

ORACIÓN

Amado Señor, ayúdame a romper malos hábitos y formar otros buenos. Y que mis acciones sean agradables a ti, hoy, mañana, y cada día de mi vida. Amén.

Ayúdense unos a otros a llevar sus cargas, y así cumplirán la ley de Cristo.

Gálatas 6:2, NVI

Los líderes sabios ayudan

Vecinos, amigos y compañeros de trabajo. Sabemos que se nos enseña que los amemos, y sin embargo hay muy poco tiempo… y estamos muy ocupados. No importa. Como cristianos, nuestro Señor y Salvador Jesucristo nos ordena amar a nuestro prójimo como nos amamos a nosotros mismos. No se nos pide que amemos a nuestro prójimo, y tampoco se nos alienta a hacerlo. Se nos ordena que los amemos. Punto.

A fin de amar a nuestro prójimo como Dios quiere, primero debemos ralentizar el paso lo suficiente para entender sus necesidades. Ralentizar, sin embargo, no es tan sencillo como parece. Vivimos en un mundo rápido con presiones y demandas que con frecuencia se comen nuestro tiempo y nuestra energía. A veces, puede que nos convenzamos a nosotros mismos de que ralentizar no es una opción, pero estamos equivocados. Ocuparnos en nuestro prójimo debe ser nuestra prioridad porque es la prioridad de Dios.

En este mismo día, quizá en su iglesia o lugar de trabajo, se encontrará con alguien que necesite una palabra de aliento, unas palmaditas en la espalda o una mano de ayuda, o quizá una sincera oración. Y si usted no se acerca, ¿quién lo hará? Si no toma el tiempo para entender las necesidades de sus socios, ¿quién lo hará? Si no ama a sus hermanos y hermanas, ¿quién lo hará?

Por lo tanto, en este día busque a una persona en necesidad… y entonces haga algo para ayudar. Órdenes del Padre.

⌘ CONSEJO SABIO ⌘

Comience cada día haciendo esta pregunta: "¿A quién puedo ayudar hoy?".

Alentar a otros significa ayudar a personas, buscar lo mejor en ellas, intentar sacar sus cualidades positivas.

John Maxwell

Haga todo el bien que pueda; por todos los medios que pueda; de todas las maneras que pueda; en todos los lugares que pueda; en todos los momentos que pueda; a todas las personas que pueda; por tanto tiempo como pueda.

John Wesley

⌘ ORACIÓN ⌘

Amado Señor, que pueda ayudar a otros de todas las maneras que pueda. Jesús sirvió a otros; yo también puedo hacerlo. Serviré a otras personas con mis buenas obras y con mis oraciones, hoy y cada día. Amén.

Mantengamos firme, sin fluctuar, la profesión de nuestra esperanza, porque fiel es el que prometió.

Hebreos 10:23, RVR-1960

Los líderes sabios siempre tienen esperanza

A pesar de las promesas de Dios, a pesar del amor de Cristo, y a pesar de nuestras incontables bendiciones, los frágiles seres humanos seguimos perdiendo la esperanza de vez en cuando. Cuando lo hacemos, necesitamos el aliento de amigos cristianos, el poder transformador de la oración, y la verdad salvadora de la Palabra de Dios.

Si se encuentra cayendo en las trampas espirituales de la preocupación y el desaliento, busque el toque sanador de Jesús y las alentadoras palabras de otros cristianos. Y recuerde las palabras de nuestro Salvador: "Les he dicho todo lo anterior para que en mí tengan paz. Aquí en el mundo tendrán muchas pruebas y tristezas; pero anímense, porque yo he vencido al mundo" (Juan 16:33, NTV). Este mundo puede ser un lugar de pruebas y tristezas, pero como creyentes, estamos seguros. Dios nos ha prometido paz, gozo y vida eterna. Y desde luego, Dios cumple sus promesas hoy, mañana y por siempre.

Consejo sabio

Si está experimentando momentos difíciles, será sabio si comienza a pasar más tiempo con Dios. Y si hace su parte, Dios hará la de Él. Por lo tanto, nunca tenga temor a esperar, o a pedir, un milagro.

La esperanza es la fe que extiende su mano en la oscuridad.

Barbara Johnson

Los problemas que soportamos con confianza pueden producirnos una nueva visión de Dios y una nueva perspectiva de la vida, una perspectiva de paz y esperanza.

Billy Graham

Descubrí que no había que temer a la tristeza sino más bien soportarla con esperanza y expectativa de que Dios la utilizará para visitar y bendecir mi vida.

Jill Briscoe

 ORACIÓN

En este día, querido Señor, viviré en esperanza. Si llego a desalentarme, acudiré a ti. Si llego a cansarme, buscaré fortaleza en ti. En cada aspecto de mi vida, confiaré en ti. Tú eres mi Padre, Señor, y pongo mi esperanza y mi fe en ti. Amén.

El más importante entre ustedes será siervo de los demás. Porque el que a sí mismo se enaltece será humillado, y el que se humilla será enaltecido.

Mateo 23:11-12, NVI

Los líderes sabios entienden que es importante ser humildes

Como seres humanos falibles, tenemos mucho por lo que sentirnos humillados. ¿Por qué, entonces, es la humildad una característica tan difícil para nosotros de dominar? Precisamente porque somos seres humanos falibles. Sin embargo, si queremos crecer y madurar como cristianos, debemos esforzarnos por dar mérito a quien mérito merece, comenzando, desde luego, con Dios y su Hijo unigénito.

Como cristianos, hemos sido formados de nuevo y salvados por Jesucristo, y esa salvación no llegó debido a nuestras propias buenas obras sino debido a la gracia de Dios. Así, no somos "hechos a nosotros mismos"; somos "hechos por Dios" y somos "salvos por Cristo". ¿Cómo, entonces, podemos presumir? La respuesta, desde luego, es que si somos sinceros con nosotros mismos y con nuestro Dios, sencillamente no podemos presumir… debemos, en cambio, estar eternamente agradecidos y ser muy humildes. La humildad, sin embargo, no es fácil para la mayoría de nosotros. Con demasiada frecuencia somos tentados a sacar pecho y decir: "Mírenme, ¡miren lo que hice!". Pero en los momentos tranquilos cuando examinamos las profundidades de nuestro propio corazón, somos más inteligentes. Cualquier cosa que sea ese "lo", Dios hizo eso. Y Él merece el mérito.

Consejo sabio

Debe usted permanecer humilde o afrontar las consecuencias. El orgullo llega antes de la caída, pero la humildad con frecuencia evita la caída.

Si sabe quién es usted en Cristo, su ego personal no es ningún problema.

Beth Moore

Debido a que Cristo Jesús vino al mundo vestido de humildad, siempre se le encontrará entre quienes están vestidos de humildad. Se le encontrará entre las personas humildes.

A. W. Tozer

Oración

Padre celestial, Jesús se vistió de humildad cuando decidió dejar el cielo y venir a la tierra para vivir y morir por nosotros, sus hijos. Cristo es mi maestro y mi ejemplo. Vísteme de humildad, Señor, para que pueda ser más semejante a tu Hijo, y mantenme consciente de que tú eres el dador y sustentador de la vida, y que a ti, querido Señor, corresponden la gloria y la alabanza. Amén.

Así que el obispo debe ser intachable, esposo de una sola mujer, moderado, sensato, respetable, hospitalario, capaz de enseñar; no debe ser borracho ni pendenciero, ni amigo del dinero, sino amable y apacible.

1 Timoteo 3:2-3, NVI

LOS LÍDERES SABIOS ENTIENDEN QUE LA INTEGRIDAD IMPORTA

La integridad se construye lentamente a lo largo de toda una vida. Es la suma de cada decisión correcta y cada palabra honesta. Se forja sobre el yunque del trabajo honorable y se pule mediante las virtudes gemelas de honestidad y ecuanimidad. La integridad es preciosa, difícil de construir pero fácil de derribar.

Como creyentes en Cristo, debemos buscar vivir cada día con disciplina, honestidad y fe. Cuando lo hacemos, suceden al menos dos cosas: la integridad se convierte en hábito, y Dios nos bendice debido a nuestra obediencia a Él.

La vida de integridad no es siempre la manera más fácil, pero es siempre la manera correcta. Dios quiere claramente que ese sea también nuestro camino.

Se ha dicho que el carácter es lo que somos cuando nadie está mirando. Eso es muy cierto. Cuando hacemos cosas que sabemos que no son correctas, intentamos ocultarlas de nuestra familia y amigos. Pero incluso si ocultamos exitosamente nuestros pecados ante el mundo, nunca podemos ocultar nuestros pecados a Dios.

Si desea sinceramente caminar con su Creador, siga sus mandamientos. Cuando lo haga, su carácter se ocupará de sí mismo… y no tendremos que mirar por encima del hombro para ver quién, además de Dios, está mirando.

CONSEJO SABIO

La integridad paga grandes dividendos. El engaño crea inmensos sufrimientos. Compórtese en consecuencia.

Mantener su integridad en un mundo de simulación no es un logro pequeño.

Wayne Oates

Integridad es el pegamento que mantiene unida nuestra vida. Debemos esforzarnos por mantener intacta nuestra integridad. Cuando la riqueza se pierde, nada está perdido; cuando la salud se pierde, algo está perdido; cuando el carácter se pierde, todo está perdido.

Billy Graham

ORACIÓN

Padre celestial, tu Palabra me enseña a caminar en integridad y en verdad. Haz de mí un líder digno, Señor. Que mis palabras sean verdaderas, y que mis acciones dirijan a otros hacia ti. Amén.

Estas cosas os he hablado, para que mi gozo esté en vosotros, y vuestro gozo sea cumplido.

Juan 15:11, RVR-1960

HACER DEL GOZO DE ÉL EL GOZO DE USTED

Cristo lo dejó claro: Él quiere que su gozo llegue a ser nuestro gozo. Sin embargo, a veces entre el inevitable ajetreo de la vida aquí en la tierra, podemos abandonar, aunque sea temporalmente, el gozo de Cristo a medida que batallamos con los desafíos de la vida diaria.

Jonathan Edwards, el clérigo estadounidense del siglo XVIII, observó: "Cristo no es solamente un remedio para su agotamiento y sus problemas, sino que Él le dará una abundancia de lo contrario: gozo y deleite. Aquellos que acuden a Cristo no sólo acuden a un lugar de reposo después de haber estado vagando por un desierto, sino que llegan a una sala de banquetes donde pueden descansar, y donde puede celebrar. Puede que cesen de sus anteriores problemas y pruebas, y pueden entrar en un camino de deleites y gozos espirituales".

Si en este día su corazón está cansado, abra la puerta de su alma a Cristo. Él le dará su paz y su gozo. Y si ya tiene el gozo de Cristo en su corazón, compártalo libremente, al igual que Cristo compartió libremente su gozo con usted.

⁕ CONSEJO SABIO ⁕

Cada día, Dios le da muchas razones para tener gozo. El resto le corresponde a usted.

Gozo es el resultado directo de tener la perspectiva de Dios en nuestra vida diaria y el efecto de amar a nuestro Señor lo suficiente para obedecer sus mandamientos y confiar en sus promesas.

Bill Bright

Si puede perdonar a la persona que antes fue, aceptar a la persona que es ahora, y creer en la persona que llegará a ser, se dirige usted al gozo. Por lo tanto, celebre su vida.

Barbara Johnson

El estilo de vida cristiano no es uno de obligaciones legalistas, sino uno que es positivo, atractivo y gozoso.

Vonette Bright

⁕ ORACIÓN ⁕

Amado Señor, tú eres mi amoroso Padre celestial, y me creaste a tu imagen. Como tu hijo fiel, me apropiaré de tu gozo. Alabaré tus obras, obedeceré tu Palabra y honraré a tu Hijo, en este día y cada día de mi vida. Amén.

No juzguen, y no se les juzgará. No condenen, y no se les condenará.
Perdonen, y se les perdonará.

Lucas 6:37, NVI

LOS LÍDERES SABIOS ENTIENDEN EL PELIGRO DE JUZGAR

Todos no hemos cumplido los mandamientos de Dios, y Él nos ha perdonado. También nosotros debemos perdonar a los demás. Y debemos refrenarnos de juzgarlos.

¿Es usted una de esas personas a quienes resulta fácil juzgar a los demás? Si es así, es momento de cambiar.

Dios no necesita (o en efecto, no quiere) su ayuda. ¿Por qué? Porque Dios es perfectamente capaz de juzgar el corazón humano… mientras que usted no puede hacerlo.

Como cristianos, se nos advierte que juzgar a otros es invitar consecuencias terribles: hasta el grado en que juzgamos a otros, así también nosotros seremos juzgados por Dios. Debemos refrenarnos, entonces, de juzgar a nuestro prójimo. En cambio, debemos perdonarlo y amarlo de la misma manera que Dios nos ha perdonado.

CONSEJO SABIO

Cuando se sorprenda a usted mismo siendo demasiado crítico, intente detenerse e interrumpir sus pensamientos críticos antes de llegar a estar enojado.

Juzgar atrae el juicio de otros.

Catherine Marshall

Los cristianos piensan que son fiscales o jueces cuando, en realidad, Dios nos ha llamado a todos a ser testigos.

Warren Wiersbe

No juzgue a otras personas más duramente de lo que quiera que Dios le juzgue a usted.

Marie T. Freeman

Un individuo cristiano puede ver adecuado renunciar a todo tipo de cosas por razones especiales: matrimonio, o carne, cerveza, o cine; pero en el momento en que comienza a decir que esas cosas son malas en sí mismas, o a mirar por encima del hombro a otras personas porque las utilizan, ha dado el giro equivocado.

C. S. Lewis

 ORACIÓN

Amado Señor, a veces soy muy rápido para juzgar a los demás. Pero tú me has ordenado que no juzgue. Que sea consciente, Padre, de que cuando juzgo a otros, estoy viviendo fuera de tu voluntad para mi vida. Tú me has perdonado, Señor. Que perdone yo a los demás, que los ame y los ayude… sin juzgarlos. Amén.

"Les aseguro que todo lo que hicieron por uno de mis hermanos, aun por el más pequeño, lo hicieron por mí".

Mateo 25:40, RVR-1960

LOS LÍDERES SABIOS SON BONDADOSOS

En el ajetreo y la confusión de la vida diaria, es fácil perder el enfoque y es fácil llegar a frustrarse. Somos seres humanos imperfectos que batallan para manejar sus vidas lo mejor que pueden, pero con frecuencia nos quedamos cortos. Cuando somos distraídos o decepcionados, puede que descuidemos compartir una palabra amable o una obra bondadosa. Este descuido hace daño a otros, pero sobre todo nos hace daño a nosotros mismos.

Mateo 25:40 advierte: "Les aseguro que todo lo que hicieron por uno de mis hermanos, aun por el más pequeño, lo hicieron por mí". Cuando extendemos una mano de amistad a quienes más lo necesitan, Dios promete sus bendiciones. Cuando ignoramos las necesidades de los demás, o los maltratamos, nos arriesgamos a la retribución de Dios.

En este día, aminore el paso y esté alerta a quienes necesitan su sonrisa, sus palabras amables o su mano ayudadora. Haga de la bondad una pieza central de su trato con los demás. Ellos serán bendecidos, y usted también lo será. Cuando usted difunde mucho aliento y esperanza al mundo, no puede evitar obtener un poco para usted mismo.

CONSEJO SABIO

Las palabras amables tienen ecos que duran toda una vida y más allá.

Cuando muestra hospitalidad a otros, no está intentando impresionar a las personas, está intentando reflejar a Dios ante ellas.

Max Lucado

Una de las más hermosas compensaciones de la vida es que nadie puede sinceramente intentar ayudar a otro sin evitar ayudarse a sí mismo.

Barbara Johnson

Haga todo el bien que pueda; por todos los medios que pueda: de todas las maneras que pueda; en todos los lugares que pueda; en todo momento que pueda; a todas las personas que pueda; por tanto tiempo como pueda.

John Wesley

ORACIÓN

Señor, hazme un líder cristiano amoroso y alentador. Y que mi amor por Cristo se refleje mediante la bondad que muestre a mis socios, a mi familia, a mis amigos, y a todo aquel que necesite el toque sanador de la mano del Maestro. Amén.

Cuiden del rebaño que Dios les ha encomendado. Háganlo con gusto, no de mala gana ni por el beneficio personal que puedan obtener de ello, sino porque están deseosos de servir a Dios.

1 Pedro 5:2, NTV

Liderazgo centrado en Cristo

El viejo dicho es familiar y verdadero: la imitación es la forma de halago más sincera. Como creyentes, somos llamados a imitar, lo mejor que podamos, al carpintero de Galilea. La tarea de imitar a Cristo es con frecuencia difícil y algunas veces imposible, pero como cristianos, debemos seguir intentándolo.

Nuestro mundo necesita líderes que con disposición honren a Cristo con sus palabras y sus obras, pero no necesariamente en ese orden. Si usted quiere ser una persona así, entonces debe comenzar con hacer de usted mismo un ejemplo digno para su familia, para sus amigos, para su iglesia y para su comunidad. Después de todo, sus palabras de enseñanza no resonarán con verdad a menos que usted mismo esté dispuesto a seguirlas.

El liderazgo centrado en Cristo es un ejercicio de servicio: servicio a Dios en el cielo y servicio a sus hijos aquí en la tierra. Cristo estuvo dispuesto a convertirse en un siervo para sus seguidores, y usted debe buscar hacer lo mismo para los suyos.

¿Es usted el tipo de siervo-líder a quien querría seguir? Si es así, felicitaciones: está honrando a su Salvador al imitarlo. Y esa, desde luego, es la forma más sincera de halago.

✦ CONSEJO SABIO ✦

Nuestro mundo necesita a todos los buenos líderes que pueda conseguir, de modo que no tenga temor a tomar un papel de liderazgo… ahora.

No se pueden separar las acciones de un líder de su carácter.

John Maxwell

El hombre debiera vivir de modo que todo el mundo sepa que es cristiano, y sobre todo, su familia debiera saberlo.

D. L. Moody

Un líder verdadero y seguro probablemente sea quien no tiene deseos de liderar, pero se ve forzado a estar en una posición de liderazgo por la presión interior del Espíritu Santo y la presión de la situación externa.

A. W. Tozer

✦ ORACIÓN ✦

Padre celestial, cuando me encuentre en una posición de liderazgo, que siga tus enseñanzas y obedezca tus mandamientos. Haz de mí una persona de integridad y sabiduría, Señor, y hazme un ejemplo digno para aquellos a quienes sirvo. Y que acuda a ti, Señor, para obtener guía y fortaleza en todo lo que diga y haga. Amén.

Hijo mío, escucha las correcciones de tu padre y no abandones las enseñanzas de tu madre.

Proverbios 1:8, NVI

LOS LÍDERES SABIOS SIGUEN APRENDIENDO

Los mejores líderes nunca dejan de aprender. Y cuando se trata de aprender las lecciones de la vida, podemos hacer las cosas de la manera fácil o de la manera difícil. La manera fácil puede resumirse como sigue: cuando Dios nos enseña una lección, la aprendemos… ¡la primera vez! Desgraciadamente, demasiados de nosotros aprendemos mucho más lentamente que eso.

Cuando nos resistimos a la enseñanza de Dios, Él continúa enseñando, nos guste o no. Nuestro reto, entonces, es discernir las lecciones de Dios de las experiencias de la vida diaria. Es de esperar que aprendamos esas lecciones más temprano que tarde porque cuanto antes lo hagamos, antes puede pasar Él a la siguiente lección, y a la siguiente, y a la siguiente…

⌘ CONSEJO SABIO ⌘

Hoy, pase unos minutos pensando en las lecciones que Dios está intentando enseñarle. Enfóquese en un área de su vida que necesite atención ahora. Y recuerde que siempre es el momento correcto de aprender algo nuevo.

Dios es capaz de tomar errores, cuando son entregados a Él, y hacer de ellos algo para nuestro bien y para su gloria.

Ruth Bell Graham

Lo maravilloso sobre la sala de clases de Dios es que nosotros podemos evaluar nuestros propios exámenes. Mire, Él no nos examina para poder saber lo bien que nos va; nos examina para que nosotros podamos descubrir cómo vamos.

Charles Swindoll

Lo que realmente cuenta son las cosas que aprendemos después de saberlo todo.

Vance Havner

Aunque el castigo es siempre difícil, si miramos a Dios para ver la lección que deberíamos aprender, veremos fruto espiritual.

Vonette Bright

El verdadero aprendizaje puede tener lugar en cada etapa de la vida, y no tiene que estar en el plan del temario.

Suzanne Dale Ezell

 ORACIÓN

Querido Señor, tengo mucho que aprender. Ayúdame a observar, a escuchar, a pensar y a aprender, cada día de mi vida. Amén.

Enséñanos de tal modo a contar nuestros días, que traigamos al corazón sabiduría.

Salmos 90:12, RVR-1960

El regalo de la vida

La vida es un glorioso regalo de Dios. Trátela de esa manera. Este día, como cualquier otro, está lleno hasta rebosar de oportunidades, retos y decisiones. Pero ninguna decisión que usted tome es más importante que la decisión que toma con respecto a Dios. Hoy, o bien le pondrá a Él en el centro de su vida o no, y las consecuencias de esa decisión tienen implicaciones que son tanto temporales como eternas.

A veces, no descuidamos intencionadamente a Dios; simplemente nos permitimos llegar a estar abrumados por las demandas de la vida diaria. Y entonces, sin que ni siquiera nos demos cuenta, gradualmente nos vamos alejando de Aquel a quien más necesitamos. Afortunadamente, Dios nunca se aleja de nosotros. Él permanece siempre presente, siempre firme, siempre amoroso.

Al comenzar este día, ponga a Dios y a su Hijo donde pertenecen: en su cabeza, en sus oraciones, en sus labios y en su corazón. Y entonces, con Dios como su guía y compañero, que comience el viaje.

⟨ CONSEJO SABIO ⟩

Su vida es una valiosa oportunidad, un regalo de incalculable valor. Debería dar gracias a Dios por el regalo de la vida… y debería usar ese regalo sabiamente.

Jesús quiere Vida para nosotros, vida con V mayúscula.

John Eldredge

¡Tiene usted un futuro glorioso en Cristo! Viva cada momento en su poder y amor.

Vonette Bright

Cuando pienso en todos los sacrificios requeridos a fin de vivir una vida que esté totalmente centrada en Jesucristo y en su reino eterno, el gozo pasa de mi corazón a mi rostro en forma de sonrisa de profunda satisfacción.

Anne Graham Lotz

⟨ ORACIÓN ⟩

Señor, al dar los siguientes pasos en el viaje de mi vida, permite que los dé contigo. Tú has prometido no dejarme ni abandonarme nunca. Tú estás siempre conmigo, protegiéndome y alentándome. A pesar de cualquier cosa que este día pueda traer, te doy gracias por tu amor y tu fortaleza. Que descanse y confíe en ti, Padre, en este día y por siempre. Amén.

El que es de Dios escucha lo que Dios dice. Pero ustedes no escuchan,
porque no son de Dios.

Juan 8:47, NVI

LOS LÍDERES SABIOS ESCUCHAN A DIOS

A veces, Dios habla alto y claro. Con más frecuencia, habla con voz callada, y si es usted sabio, estará escuchando atentamente cuando Él lo haga. Para hacer eso, debe sacar momentos de tranquilidad cada día para estudiar su Palabra y sentir su dirección.

¿Puede aquietarse el tiempo suficiente para escuchar a su conciencia? ¿Está sintonizando con las útiles guías de su intuición? ¿Está dispuesto a orar con sinceridad y después esperar calladamente la respuesta de Dios? Es de esperar que así sea. Normalmente, Dios no envía sus mensajes en tablas de piedra o carteles publicitarios. Con mayor frecuencia se comunica de maneras más sutiles. Si desea sinceramente oír su voz, debe escuchar con atención, y debe hacerlo en los rincones silenciosos de su tranquilo y dispuesto corazón.

CONSEJO SABIO

Tome tiempo para orar respecto a toda decisión importante. Y recuerde que la oración es una comunicación con Dios en dos sentidos. Hablar a Dios no es suficiente; también debería escucharlo.

Cuando acudimos a Jesús libres de pretensiones, con un espíritu necesitado, listos para escuchar, Él se encuentra con nosotros en el punto de necesidad.

Catherine Marshall

No podemos experimentar la plenitud de Cristo si somos nosotros quienes expresamos todo. Debemos permitir que Dios nos exprese su amor, su voluntad y su verdad.

Gary Smalley

En la oración, el oído es de primera importancia. De igual importancia es la lengua, pero el oído desde ser nombrado primero. Debemos escuchar a Dios.

S. D. Gordon

Una condición esencial de escuchar a Dios es que la mente no esté distraída por pensamientos de resentimiento, mal humor, odio, venganza, todos los cuales están englobados en el término general: la ira del hombre.

R. V. G. Tasker

 ORACIÓN

Amado Señor, tengo mucho que aprender y tú tienes mucho que enseñarme. Dame la sabiduría para estar callado y el discernimiento para oír tu voz, hoy y cada día. Amén.

Cuando yo era niño, hablaba como niño, pensaba como niño, juz-gaba como niño; mas cuando ya fui hombre, dejé lo que era de niño.

1 Corintios 13:11, RVR-1960

LOS GRANDES LÍDERES CONTINÚAN CRECIENDO

El viaje hacia la madurez espiritual dura toda la vida. Como líderes cristianos, podemos y deberíamos continuar creciendo en el amor y en el conocimiento de nuestro Salvador mientras vivamos. Norman Vincent Peale tenía el siguiente consejo para los creyentes de todas las edades: "Pide al Dios que te hizo que siga rehaciéndote". Ese consejo, desde luego, es perfectamente sensato, pero con frecuencia se pasa por alto.

Cuando dejamos de crecer, ya sea emocionalmente o espiritualmente, nos hacemos a nosotros mismos un flaco servicio. Pero si estudiamos la Palabra de Dios, si obedecemos sus mandamientos, y si vivimos en el centro de su voluntad, no seremos creyentes "estancados"; en cambio, seremos cristianos que crecen… y eso es exactamente lo que Dios quiere que seamos.

En la vida es una serie de decisiones. Cada día, tomamos incontables decisiones que pueden acercarnos más a Dios… o no. Cuando vivimos según los principios contenidos en la santa Palabra de Dios, nos embarcamos en un viaje de madurez espiritual que resulta en vida abundante y vida eterna.

CONSEJO SABIO

Madurez significa que tomamos decisiones sabias. Inmadurez significa que seguimos tomando decisiones poco sabias… es tan sencillo como eso.

No podemos esperar alcanzar madurez cristiana de ninguna otra manera que rendirnos profundamente y con disposición a la potente obra de Él.

Hannah Whitall Smith

A pesar de lo que estemos atravesando, a pesar de cuán larga sea la espera de respuestas, de una cosa podemos estar seguros. Dios es fiel. Él cumple sus promesas. Lo que Él comienza, lo termina… incluida su perfecta obra en nosotros.

Gloria Gaither

El crecimiento en profundidad, en fortaleza, en coherencia, en fruto, y finalmente en semejanza a Cristo solamente es posible cuando los vientos de la vida son contrarios a la comodidad personal.

Anne Graham Lotz

ORACIÓN

Amado Señor, que pueda crecer en tu sabiduría. Cuando estudio tu Palabra y sigo tus mandamientos, me convierto en un líder cristiano más maduro. Que pueda crecer, Señor, y seguir creciendo cada día de mi vida. Amén.

El rey se complace en las palabras de labios justos; ama a quienes hablan con la verdad.

Proverbios 16:13, NTV

LOS LÍDERES SABIOS ENCUENTRAN LOS EJEMPLOS A SEGUIR CORRECTOS

Aquí está una manera sencilla y a la vez eficaz para fortalecer su fe y mejorar sus habilidades de liderazgo: escoger ejemplos a seguir cuya fe en Dios sea fuerte.

Cuando usted imita a personas piadosas, se convierte usted mismo en una persona más piadosa, y se convierte en un líder más eficaz. Por eso debería buscar mentores que, mediante sus obras y su presencia, le hagan ser una mejor persona y un mejor cristiano.

En este día, como un regalo para usted mismo, elija, de entre sus amigos y familiares, a un mentor en cuyo juicio confíe. Entonces escuche con atención el consejo de su mentor y esté dispuesto a aceptar ese consejo, incluso si aceptarlo requiere esfuerzo, o dolor, o ambas cosas. Considere a su mentor como el regalo de Dios para usted. Dé gracias a Dios por ese regalo, y úselo para la gloria de su reino.

∽ CONSEJO SABIO ∽

Cuando se trata de mentores, usted los necesita. Cuando se trata de mentoría, ellos le necesitan a usted.

Dios guía mediante el consejo de buenas personas.

E. Stanley Jones

Se necesita a una persona sabia para dar buen consejo, pero a una persona aún más sabia para aceptarlo.

Marie T. Freeman

Una sola palabra, si se dice en un espíritu amigable, puede que sea suficiente para alejar a alguien del peligroso error.

Fanny Crosby

A pesar de lo loca o chiflada que haya parecido su vida, Dios puede hacer algo fuerte y bueno de ella. Él puede ayudarle a cultivar amplias ramas para que otros las utilicen como cobijo.

Barbara Johnson

Dios con frecuencia nos mantiene en el camino guiándonos mediante el consejo de amigos y consejeros espirituales de confianza.

Bill Hybels

 ORACIÓN

Amado Señor, gracias por familiares, por amigos y por mentores. Cuando tenga problemas, que acuda a ellos en busca de ayuda, guía, consuelo y perspectiva. Y Padre, que sea un amigo y mentor para otros, de modo que mi amor por ti pueda reflejarse en mi interés genuino por ellos. Amén.

Y mirándolos Jesús, les dijo: Para los hombres esto es imposible; mas para Dios todo es posible.

Mateo 19:26, RVR-1960

LOS LÍDERES SABIOS SABEN QUE PARA DIOS TODO ES POSIBLE

A veces, debido a que somos seres humanos imperfectos con un entendimiento limitado y fe limitada, ponemos limitaciones a Dios. Pero el poder de Dios no tiene ninguna limitación. Dios hará milagros en nuestra vida si confiamos en Él con todo lo que tenemos y todo lo que somos. Cuando lo hacemos, experimentamos los resultados milagrosos de su infinito amor y su asombroso poder.

Los milagros, tanto grandes como pequeños, son una parte integral de la vida diaria, pero normalmente estamos demasiado ocupados o somos demasiado cínicos para observar la obra de Dios. No esperamos ver milagros, de modo que sencillamente los pasamos por alto.

¿Carece usted de la fe en que Dios puede obrar milagros en su propia vida? Si es así, es momento de reconsiderarlo. Si se ha permitido a usted mismo llegar a ser un "Tomás dudoso", está intentando poner limitaciones a un Dios que no tiene ninguna. En lugar de dudar de su Padre celestial, debe confiar en Él. Entonces, debe esperar y observar… porque algo milagroso va a sucederle, y podría suceder en este día.

CONSEJO SABIO

Dios está en el negocio de hacer cosas milagrosas. Nunca debería tener temor a pedirle un milagro.

Se ha sospechado que soy lo que se denomina un fundamentalista. Eso se debe a que nunca considero ninguna narrativa como no histórica simplemente sobre la base de que incluya lo milagroso.

C. S. Lewis

Cuando afrontamos una situación imposible, toda confianza en uno mismo debe desvanecerse; debemos ser totalmente dependientes de Él para obtener los recursos.

Anne Graham Lotz

Hay Alguien que hace posible lo que parece completamente imposible.

Catherine Marshall

Sólo Dios puede mover montañas, pero la fe y la oración pueden mover a Dios.

E. M. Bounds

ORACIÓN

Amado Señor, que siempre sea consciente de tu fortaleza. Cuando pierda la esperanza, dame fe; cuando otros pierdan la esperanza, que pueda hablarles de tu gloria y de tus obras. Debido a que nada es imposible para ti, oraré por milagros… y trabajaré por ellos. Amén.

El que encubre sus pecados no prosperará; mas el que los confiesa y se aparta alcanzará misericordia.

Proverbios 28:13, RVR-1960

LOS GRANDES LÍDERES HACEN FRENTE A SUS ERRORES

Todos los líderes cometen errores, y usted también lo hará. De hecho, Winston Churchill observó en una ocasión: "Éxito es pasar de fracaso en fracaso sin perder el entusiasmo". Lo que era bueno para Churchill es también bueno para usted. Debería esperar cometer errores, muchos errores, pero no debería permitir que esos errores le roben el entusiasmo que necesita para cumplir el plan de Dios para su vida.

Somos personas imperfectas que viven en un mundo imperfecto; los errores son sencillamente parte del precio que pagamos por estar aquí. Pero aunque los errores son una parte inevitable del viaje de la vida, los errores repetidos no deberían serlo. Cuando cometemos los errores inevitables de la vida, debemos corregirlos, aprender de ellos y orar por la sabiduría para no repetirlos. Cuando lo hacemos, nuestros errores se convierten en lecciones, y nuestras vidas se convierten en aventuras de crecimiento, no de estancamiento.

¿Ha cometido un error o tres? Desde luego que lo ha hecho. Pero aquí está la gran pregunta: ¿ha utilizado sus errores como peldaños o como piedras de tropiezo? La respuesta a esa pregunta determinará cuán bueno será su desempeño en el lugar de trabajo y en todos los demás aspectos de su vida.

Consejo sabio

Cuando comete un error, el momento para mejorar las cosas es ahora, ¡no más adelante! Cuanto antes aborde su problema, mejor.

El pecado es en gran parte una cuestión de prioridades equivocadas. Cualquier pecado en nosotros que sea atesorado, escondido y no confesado cortará el nervio central de nuestra fe.

Catherine Marshall

Dios puede tomar errores, cuando son entregados a Él, y hacer de ellos algo para nuestro bien y para su gloria.

Ruth Bell Graham

Los errores ofrecen la posibilidad de redención y de un nuevo comienzo en el reino de Dios. A pesar de aquello de lo que sea culpable, Dios puede restaurar su inocencia.

Barbara Johnson

Oración

Amado Señor, hay una manera correcta de hacer las cosas y una manera incorrecta de hacer las cosas. Cuando haga cosas que son incorrectas, ayúdame a ser rápido para pedir perdón… y rápido para corregir mis errores. Amén.

Y el que estaba sentado en el trono dijo: «¡Miren, hago nuevas todas las cosas!».

Apocalipsis 21:5, NTV

Nuevos comienzos

Si queremos sinceramente cambiarnos a nosotros mismos para mejor, debemos comenzar en el interior y trabajar desde ahí. El cambio duradero no se produce "ahí fuera"; ocurre "aquí dentro". No ocurre en las arenas movedizas de nuestras propias circunstancias particulares, sino en las tranquilas profundidades de nuestro propio corazón.

La vida está cambiando constantemente. Nuestras circunstancias cambian; nuestras oportunidades cambian; nuestras responsabilidades cambian; y nuestras relaciones cambian. Cuando llegamos a las encrucijadas inevitables de la vida, puede que sintamos la necesidad de reiniciar nuestra vida... o la necesidad de empezar desde cero.

¿Está buscando un nuevo comienzo, o un nuevo usted? Si es así, no espere que las circunstancias cambiantes le transformen milagrosamente en la persona que quiere llegar a ser. La transformación comienza con Dios, y comienza en el centro silencioso de un corazón humano humilde: como el de usted.

⊱ Consejo sabio ⊰

Si se está graduando a una nueva fase de la vida o una nueva oportunidad en una carrera, asegúrese de tener a Dios como colaborador. Si lo hace, Él guiará sus pasos, le ayudará a llevar sus cargas y le ayudará a enfocarse en las cosas que realmente importan.

¡Dios no dirige una tienda de antigüedades! ¡Él hace nuevas todas las cosas!

Vance Havner

Lo sorprendente de Jesús es que no sólo pone parches en nuestra vida, sino que nos da un comienzo totalmente nuevo, una pizarra limpia para comenzar otra vez, todo nuevo.

Gloria Gaither

Como un arroyo de agua pura, la paz de Dios en nuestros corazones lleva limpieza y refrigerio a nuestra mente y nuestro cuerpo.

Billy Graham

ORACIÓN

Querido Señor, tú tienes el poder para hacer nuevas todas las cosas. Renueva mi fortaleza, Padre, y renueva mi esperanza para el futuro. Hoy y cada día, Señor, que obtenga consuelo y valor de tus promesas y de tu amor interminable. Amén.

Y en esto sabemos que nosotros le conocemos, si guardamos sus mandamientos.

1 Juan 2:3

Los líderes sabios entienden la necesidad de obedecer a Dios

La obediencia a Dios está determinada no por las palabras, sino por los hechos. Hablar de rectitud es fácil; vivir rectamente es mucho más difícil, especialmente en el mundo actual lleno de tentaciones.

Desde que Dios creó a Adán y Eva, los seres humanos nos hemos estado rebelando contra nuestro Creador. ¿Por qué? Porque no estamos dispuestos a confiar en la Palabra de Dios, y no estamos dispuestos a seguir sus mandamientos. Dios nos ha dado un manual para vivir en rectitud llamado la Santa Biblia. Contiene instrucciones detalladas que, si se siguen, conducen a la satisfacción, la abundancia y la salvación. Pero si decidimos ignorar los mandamientos de Dios, los resultados son tan predecibles como trágicos.

Cuando buscamos rectitud en nuestra propia vida, y cuando buscamos la compañía de quienes hacen lo mismo, cosechamos las recompensas espirituales que Dios quiere para nuestras vidas. Cuando nos comportamos como personas piadosas, honramos a Dios. Cuando vivimos rectamente y según los mandamientos de Dios, Él nos bendice de maneras que no podemos entender totalmente.

¿Busca la paz de Dios y sus bendiciones? Entonces debe obedecerlo. Cuando se enfrente a una decisión difícil o a una potente tentación, busque el consejo de Dios y confíe en el consejo que Él da. Viva según los mandamientos de Él. Cuando lo haga, será bendecido hoy, y mañana, y por siempre.

∽ CONSEJO SABIO ∽

Como Dios es justo, recompensa la buena conducta tan ciertamente como castiga el pecado. La obediencia obtiene el agrado de Dios; la desobediencia no.

Crea y haga lo que Dios dice. Las transformadoras consecuencias serán ilimitadas, y los resultados serán confianza y paz mental.

Franklin Graham

Puede que no siempre vea resultados inmediatos, pero lo único que Dios quiere es su obediencia y su fidelidad.

Vonette Bright

∽ ORACIÓN ∽

Querido Señor, hoy recibiré tu amor y aceptaré tu sabiduría. Guíame, Padre, y libérame de los dolorosos errores que cometo cuando me alejo de tus mandamientos. Que viva según tu Palabra, y crezca en mi fe cada día que viva. Amén.

Por lo tanto, siempre que tengamos la oportunidad, hagamos el bien a todos, en especial a los de la familia de la fe.

Gálatas 6:10, NTV

LAS OPORTUNIDADES DEL PRESENTE

¿Está emocionado por las oportunidades del presente y emocionado por las posibilidades del mañana? ¿Espera con confianza que Dios le dirija a un lugar de abundancia, paz y gozo? Y cuando sus días en la tierra terminen, ¿espera recibir el invaluable regalo de la vida eterna? Si confía en las promesas de Dios, y si ha invitado al Hijo de Dios a entrar en su corazón, entonces cree que su futuro es intensamente y eternamente brillante.

Hoy, al prepararse para cumplir con las obligaciones de la vida diaria, haga una pausa y considere las promesas de Dios. Y entonces piense por un momento en el maravilloso futuro que espera a todos los creyentes, usted incluido. Dios ha prometido que su futuro está asegurado. Confíe en esa promesa, y celebre la vida de abundancia y gozo eterno que es ahora suya por medio de Cristo.

CONSEJO SABIO

Cuando la oportunidad llega, es demasiado tarde para prepararse.

John Wooden

Amorosos, complicados envoltorios / Contienen el regalo de otro día; / Sin aliento, abro el paquete, / ¡Nunca antes viví este día!

Gloria Gaither

Quien espera hasta que las circunstancias favorezcan por completo sus empresas, nunca logrará nada.

Martín Lutero

Dios le rodea de oportunidad. Usted y yo somos libres en Jesucristo no para hacer lo que queramos, sino para ser todo lo que Dios quiere que seamos.

Warren Wiersbe

Las grandes oportunidades con frecuencia se disfrazan de pequeñas tareas.

Rick Warren

Todos nos enfrentamos con una serie de grandes oportunidades, brillantemente disfrazadas de problemas irresolubles. Es decir, irresolubles sin la sabiduría de Dios.

Charles Swindoll

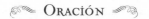

ORACIÓN

Señor, al dar los siguientes pasos en el viaje de mi vida, quiero darlos contigo. A pesar de lo que este día pueda traer, te doy gracias por la oportunidad de vivir abundantemente. Que me apoye en ti, Padre, y confíe en ti este día y por siempre. Amén.

Has llenado mi copa a rebosar. La bondad y el amor me seguirán todos los días de mi vida; y en la casa del Señor habitaré para siempre.

Salmo 23:5-6, NVI

CRISTIANISMO OPTIMISTA

El pesimismo y el cristianismo no se mezclan. ¿Por qué? Porque los cristianos tienen todas las razones para ser optimistas respecto a la vida aquí en la tierra y la vida eterna. Como observó C. H. Spurgeon: "Nuestra esperanza en Cristo para el futuro es la corriente de nuestro gozo". Pero a veces caemos presa de la frustración, la preocupación, la ansiedad o el mero agotamiento, y hay pesadez en nuestro corazón. Lo que se necesita es mucho descanso, una gran dosis de perspectiva y el toque sanador de Dios, pero no necesariamente en ese orden.

Hoy, hágase esta promesa a usted mismo y cúmplala: prometa ser un cristiano lleno de esperanza. Piense de modo optimista respecto a su vida, su profesión y su futuro. Confíe en sus esperanzas y no en sus temores. Tome tiempo para celebrar la gloriosa creación de Dios. Y entonces, cuando haya llenado su corazón de esperanza y alegría, comparta su optimismo con otros. Ellos estarán mejor por eso, y también usted. Pero no necesariamente en ese orden.

CONSEJO SABIO

No construya obstáculos en su imaginación. Las dificultades han de ser estudiadas y abordadas, pero no deben ser agrandadas por el temor.

Norman Vincent Peale

Es notable que algunas de las personas más optimistas y entusiastas que conoceremos sean quienes han pasado por un intenso sufrimiento.

Warren Wiersbe

El estilo de vida cristiano no es uno de obligaciones legalistas, sino uno que es positivo, atractivo y gozoso.

Vonette Bright

La idea popular de la fe es de cierto optimismo obstinado: la esperanza, mantenida tenazmente ante los problemas, de que el universo es fundamentalmente amigable y las cosas pueden mejorar.

J. I. Packer

ORACIÓN

Señor, que sea un líder cristiano a la expectativa. Que espere lo mejor de ti, y busque lo mejor en los demás. Si llego a desalentarme, Padre, dirige mis pensamientos y mis oraciones a ti. Que confíe en ti, Señor, para que dirijas mi vida. y que sea tu siervo fiel, esperanzado y optimista cada día que viva. Amén.

Buscó a su Dios, lo hizo de todo corazón, y fue prosperado.

2 Crónicas 31:21, RVR-1960

LOS LÍDERES SABIOS SON APASIONADOS CON SUS VIDAS

La vieja frase es a la vez familiar y verdadera: debemos orar como si todo dependiera de Dios, pero trabajar como si todo dependiera de nosotros. Sin embargo, a veces, cuando estamos cansados y desalentados, podemos permitir que nuestras preocupaciones nos quiten la energía y la esperanza. Dios tiene otras intenciones. Dios quiere que oremos por las cosas, y quiere que estemos dispuestos a trabajar por las cosas que oramos. Lo más importante es que Dios quiere que nuestro trabajo llegue a convertirse en su trabajo.

Sea que usted lidere en el lugar de trabajo, en su iglesia o en algún otro lugar, su éxito dependerá, en gran parte, de la pasión que aporte a su trabajo. Dios ha creado un mundo en el cual la diligencia es recompensada y la pereza no lo es. Por lo tanto, cualquier cosa que escoja hacer, hágala con compromiso, con emoción, con entusiasmo y con vigor.

Dios no le creó para una vida de mediocridad. Le creó para cosas mucho mayores. Lograr esas cosas mayores normalmente requiere trabajo, y mucho, lo cual está perfectamente bien ante Dios. Después de todo, Él sabe que usted está a la altura de la tarea, y tiene grandes planes para usted.

CONSEJO SABIO

Cuando es apasionado con su vida, sus responsabilidades de liderazgo y su fe… suceden grandes cosas.

Una de las mayores necesidades de la iglesia hoy en día es que cada cristiano se vuelva entusiasta con su fe en Jesucristo.

Billy Graham

La vida es demasiado corta para pasarla estando enojado, aburrido o apagado.

Barbara Johnson

El éxito o el fracaso pueden muy bien predecirse por el grado hasta el cual el corazón está plenamente en ello.

John Eldredge

Si su corazón se ha enfriado, se debe a que se ha alejado del fuego de la presencia de Dios.

Beth Moore

ORACIÓN

Amado Señor, la vida que vivo y las palabras que expreso dan testimonio de mi fe. Haz de mí un siervo fiel y apasionado de tu Hijo, y que mi testimonio sea digno de ti. Que mis palabras sean seguras y verdaderas, Señor, y que mis actos señalen a otros hacia ti. Amén.

Una cosa hago: olvidando ciertamente lo que queda atrás, y exten-diéndome a lo que está delante, prosigo a la meta, al premio del supremo llamamiento de Dios en Cristo Jesús.

Filipenses 3:13-14, RVR-1960

LOS LÍDERES SABIOS HACEN LA PAZ CON EL PASADO

Debido a que es usted humano, puede que sea lento para olvidar los desengaños del ayer. Pero si busca sincera-mente enfocar sus esperanzas y energías en el futuro, entonces debe encontrar maneras de aceptar el pasado, a pesar de lo difícil que pueda ser hacerlo.

En el tercer capítulo de Filipenses, Pablo nos dice que él decidió enfocarse en el futuro y no en el pasado. ¿Ha hecho usted la paz con su pasado? Si es así, felicidades. Pero si está atascado en las arenas movedizas del lamento, es momento de planear su escape. ¿Cómo puede hacerlo? Aceptando lo que ha sido y confiando en Dios para lo que será.

Por lo tanto, si es usted una persona que aún no ha hecho la paz con el pasado, hoy es el día para declarar el fin de todas las hostilidades. Cuando lo hace, puede entonces dirigir sus pensa-mientos a las maravillosas promesas de Dios y al futuro glorioso que Él tiene preparado para usted.

~ CONSEJO SABIO ~

El pasado es pasado, de modo que no invierta toda su energía ahí. Si está enfocado en el pasado, cambie su enfoque. Si está viviendo en el pasado, es momento de dejar de vivir allí.

El hombre sabio da un aprecio adecuado en su vida a su pasado. Aprende a cercenar el aserrín de la herencia a fin de encontrar los pedazos que permiten que el momento actual tenga significado.

Grady Nutt

El día de ayer terminó la pasada noche.

John Maxwell

Ponemos nuestros ojos en la línea de meta, olvidando el pasado y esforzándonos hacia la meta de la madurez y el fruto espirituales.

Vonette Bright

~ ORACIÓN ~

Padre celestial, libérame del enojo, el resentimiento y la envidia. Cuando estoy amargado, no puedo sentir la paz que tú quieres para mi vida. Que sea consciente de que el perdón es tu mandamiento, y ayúdame a aceptar el pasado, atesorar el presente y confiar el futuro… a ti. Amén.

No se dejen engañar: «Las malas compañías corrompen las buenas costumbres».

1 Corintios 15:33, NVI

LOS LÍDERES SABIOS SIGUEN A DIOS, Y NO A LA "MULTITUD"

Rick Warren observó: "Quienes siguen a la multitud normalmente se pierden en ella". Sabemos que esas palabras son ciertas, pero a veces no vivimos según ellas. En lugar de confiar en Dios para obtener guía, imitamos a nuestros amigos y sufrimos las consecuencias. En lugar de buscar agradar a nuestro Padre celestial, nos esforzamos por agradar a nuestros iguales, obteniendo ciertamente resultados mezclados. En lugar de hacer lo correcto, hacemos lo "fácil" o lo que es "popular". Y cuando lo hacemos, pagamos un alto precio por nuestra falta de vista.

¿Le gustaría tener una estrategia aprobada por el tiempo para vivir, y dirigir, exitosamente? Aquí tiene una sencilla fórmula que está demostrada y es verdadera: no ceda a la presión de los iguales. Punto.

En lugar de llegar a perderse en la multitud, debería encontrar guía de parte de Dios. ¿Le parece esto demasiado sencillo? Quizá sea sencillo, pero es también la única manera de obtener todas las maravillosas riquezas que Dios tiene preparadas para usted.

CONSEJO SABIO

Una manera estupenda de guardar sus pasos es relacionarse con iguales, amigos y compañeros de trabajo que guardan los de ellos.

Para bien o para mal, finalmente llegará a parecerse cada vez más a las personas con las que se relaciona. Por lo tanto, ¿por qué no relacionarse con personas que le hacen ser mejor, no peor?

Marie T. Freeman

La comparación es la raíz de todos los sentimientos de inferioridad.

James Dobson

¿Quiere ser sabio? Escoja amigos sabios.

Charles Swindoll

La moda es un testimonio perdurable del hecho de que vivimos bastante conscientemente delante de los ojos de los demás.

John Eldredge

ORACIÓN

Amado Señor, puede que otras personas me alienten a alejarme de tu camino, pero deseo seguir en los pasos de tu Hijo. Dame la sabiduría para ver el camino correcto, y la sabiduría para seguirlo, hoy y cada día de mi vida. Amén.

Pero Dios, que es rico en misericordia, por su gran amor por nosotros,
nos dio vida con Cristo, aun cuando estábamos muertos en pecados.
¡Por gracia ustedes han sido salvados!

Efesios 2:4-5, NVI

LAS CADENAS DEL PERFECCIONISMO

¡Expectativas, expectativas, expectativas! Los medios de comunicación ofrecen una corriente interminable de mensajes que nos dicen cómo vernos, cómo comportarnos y cómo vestirnos. Las expectativas de los medios son imposibles de cumplir; las de Dios no lo son. Dios no espera perfección… y usted tampoco debería esperarla.

Si se encuentra atado por las cadenas del perfeccionismo, es momento de que se pregunte a quién está intentando impresionar, y por qué. Si intenta impresionar a otras personas, es momento de reconsiderar sus prioridades. Su primera responsabilidad es ante el Padre celestial que le creó y ante su Hijo que le salvó. Entonces, tiene una potente responsabilidad ante su familia. Pero cuando se trata de cumplir las expectativas irrealistas de la sociedad, ¡olvídelo!

Recuerde que cuando aceptó a Cristo como su Salvador, Dios le aceptó para toda la eternidad. Ahora, es su turno de aceptarse a usted mismo y a sus seres queridos. Cuando lo haga, sentirá que un tremendo peso es quitado de sus espaldas. Después de todo, agradar a Dios es sencillamente cuestión de obedecer sus mandamientos y aceptar a su Hijo. Pero en cuanto a agradar a todo el mundo, ¡eso es imposible!

◈ CONSEJO SABIO ◈

No hay tal cosa como un líder perfecto, de modo que si usted está atrapado en el empuje actual hacia el perfeccionismo, debe crecer… y después relajarse consigo mismo.

Dios es inconcebiblemente bueno. Él no busca la perfección; ya la vio en Cristo. Está buscando el afecto.

Beth Moore

Excelencia no es perfección, sino esencialmente un deseo de ser fuerte en el Señor y para el Señor.

Cynthia Heald

Un perfeccionista se resiste a la verdad de que crecer en Cristo es un proceso.

Susan Lenzkes

◈ ORACIÓN ◈

Señor, este mundo tiene muchas expectativas de mí, pero hoy no buscaré cumplir con las expectativas del mundo; haré todo lo posible para cumplir con tus expectativas. Haré que tú seas mi prioridad suprema, Señor, al servirte, al alabarte, al amarte y al obedecerte. Amén.

¿No saben que en una carrera todos los corredores compiten, pero sólo uno obtiene el premio? Corran, pues, de tal modo que lo obtengan. Todos los deportistas se entrenan con mucha disciplina. Ellos lo hacen para obtener un premio que se echa a perder; nosotros, en cambio, por uno que dura para siempre.

1 Corintios 9:24-25, NVI

LOS GRANDES LÍDERES ENTIENDEN EL PODER DE LA PERSEVERANCIA

En un mundo lleno de obstáculos y piedras de tropiezo, necesitamos fuerza, valor y perseverancia. Y como ejemplo de perseverancia perfecta, no hemos de mirar sino a nuestro Salvador, Jesús.

Jesús términó lo que comenzó. A pesar de la tortura que soportó, a pesar de la vergüenza de la cruz, Jesús fue firme en su fidelidad a Dios. También nosotros debemos permanecer fieles, especialmente durante momentos de dificultad.

Quizá tenga usted prisa en que Dios le revele sus planes para su vida. Si es así, reciba la advertencia: Dios opera según su propio horario y no el de usted. A veces, Dios puede que responda sus oraciones con silencio, y cuando lo hace, debe usted perseverar con paciencia. En momentos de problemas, debe mantenerse firme y confiar en la misericordiosa bondad de su Padre celestial. Cualquiera que sea su problema, Él puede manejarlo. La tarea que usted tiene es seguir perseverando hasta que Él lo haga.

Consejo sabio

Para llegar donde quiere ir, debe continuar avanzando.

Norman Vincent Peale

Las batallas se ganan en las trincheras, en la suciedad y la mugre de la valiente determinación; se ganan día a día en la arena de la vida.

Charles Swindoll

Perseverancia es mucho más que aguante. Es aguante combinado con absoluta seguridad y certeza de que lo que estamos buscando va a suceder.

Oswald Chambers

Si las cosas son difíciles, recuerde que cada flor que ha florecido nunca tuvo que atravesar un montón de tierra para llegar hasta ahí.

Barbara Johnson

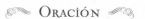

Oración

Señor, cuando la vida es difícil, soy tentado a abandonar la esperanza en el futuro; pero tú eres mi Dios, y puedo obtener fuerza de ti. Cuando estoy agotado, tú me vigorizas. Cuando tengo temor, tú me das valentía. Tú estás conmigo, Padre, en los buenos momentos y en los momentos difíciles. Seré perseverante en la obra que tú has puesto delante de mí, y confiaré en ti para siempre. Amén.

El prudente ve el peligro y lo evita; el inexperto sigue adelante y sufre las consecuencias.

Proverbios 27:12, NVI

LOS LÍDERES SABIOS HACEN PLANES CON ANTELACIÓN.... Y TRABAJAN DURO

¿Es usted un líder que está dispuesto a planear para el futuro, y que está dispuesto a trabajar diligentemente para lograr los planes que ha hecho? El libro de Proverbios enseña que los planes de las personas diligentes (como usted) son recompensados.

Si desea obtener una cosecha abundante de la vida, debe planear para el futuro a la vez que confía el resultado final a Dios. Entonces, debe hacer su parte para hacer que el futuro sea mejor (trabajando diligentemente), a la vez que reconoce la soberanía de las manos de Dios sobre todos los asuntos, incluidos los de usted.

¿Tiene prisa por que el éxito llegue a su puerta? No la tenga. En cambio, trabaje detalladamente, planee diligentemente y espere pacientemente. Recuerde que no es usted el único que trabaja a su favor: Dios también está obrando. Y con Él como colaborador, su éxito final está garantizado.

CONSEJO SABIO

No es tan complicado: si planea sus pasos cuidadosamente, y si sigue su plan atentamente, probablemente tendrá éxito.

Nuestro problema es que nos enamoramos con demasiada facilidad de nuestros propios planes.

Henry Blackaby

No deberíamos enojarnos cuando suceden cosas inesperadas y tristes. Dios, en su sabiduría, quiere hacer algo de nosotros que aún no hemos logrado, y nos trata de acuerdo a eso.

J. I. Packer

Nuestro Padre celestial nunca quita nada a sus hijos a menos que tenga intención de darles algo mejor.

George Mueller

Cuando sea usted consumido por el llamado de Dios en su vida, todo adoptará un nuevo significado. Comenzará a ver cada faceta de su vida, incluido su dolor, como un medio mediante el cual Dios puede obrar para llevar a otros a Él mismo.

Charles Swindoll

Dios tiene un plan para su vida… ¿lo tiene usted?

Criswell Freeman

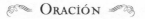 ORACIÓN

Amado Señor, ayúdame a aceptar el pasado, ayúdame a disfrutar del presente, y ayúdame a planear para el futuro. Mientras hago todas esas cosas, ayúdame a confiar en ti cada vez más… este día y cada día. Amén

Estén siempre alegres, oren sin cesar, den gracias a Dios en toda
situación, porque esta es su voluntad para ustedes en Cristo Jesús.

1 Tesalonicenses 5:16-17, NVI

LOS LÍDERES SABIOS ORAN CON
FRECUENCIA

¿**E**s la oración una parte integral de su vida diaria, es un hábito que puede pasar por alto? ¿Ora "sin cesar", o es su vida de oración algo en lo que piensa después? ¿Ora regularmente en los momentos tranquilos de la mañana, o se inclina su cabeza solamente cuando otros están mirando?

Como cristianos, se nos enseña que oremos con frecuencia. Pero es importante observar que la oración genuina requiere mucho más que doblar nuestras rodillas y cerrar nuestros ojos. La oración sincera es una actitud del corazón.

Si sus oraciones se han convertido más en un asunto de hábito que en un asunto de pasión, se está robando a usted mismo una relación más profunda con Dios. ¿Cómo puede rectificar esta situación? Orando más frecuentemente y más fervientemente. Cuando lo haga, Dios derramará sus bendiciones sobre usted, su gracia y su amor.

La calidad de su vida espiritual estará en proporción directa con la calidad de su vida de oración: cuanto más ore, más cerca se sentirá de Dios. Por lo tanto, en este día en lugar de dar vueltas en su mente a las cosas, entréguelas a Dios en oración. En lugar de preocuparse por su siguiente decisión, pida a Dios que dirija el camino. No limite sus oraciones a antes de la comida o a la hora de acostarse. Ore constantemente acerca de cosas grandes y pequeñas. Dios escucha siempre; a usted le corresponde hacer el resto.

∼ CONSEJO SABÍO ∼

No hay rincón de su vida que sea poco importante para orar, de modo que ore por todo, incluidas sus responsabilidades de liderazgo.

Bien se dice que la oración descuidada es el lugar de nacimiento de toda maldad.

C. H. Spurgeon

La obediencia es la llave maestra de la oración eficaz.

Billy Graham

La oración puede que no nos consiga lo que queremos, pero nos enseñará a querer lo que necesitamos.

Vance Havner

∼ ORACIÓN ∼

Querido Señor, hazme una persona cuyas constantes oraciones sean agradables a ti. Que acuda a ti con frecuencia con preocupaciones tanto grandes como pequeñas. Y cuando tú respondas mis oraciones, Padre, que confíe en tus respuestas, hoy y para siempre. Amén.

Más bien, busquen primeramente el reino de Dios y su justicia, y todas estas cosas les serán añadidas.

Mateo 6:33, NVI

LOS LÍDERES SABIOS HACEN QUE DIOS SEA SU PRINCIPAL PRIORIDAD

Jesús hizo un sacrificio por usted. ¿Está dispuesto a hacer sacrificios por Él? ¿Puede decir sinceramente que está apasionado con su fe y que está realmente siguiendo a Jesús? Es de esperar que así sea. Pero si está preocupado con otras cosas, o si es estrictamente un cristiano de un día por semana, entonces es momento de reordenar sus prioridades.

Nada es más importante que su sincero compromiso con su Creador y con su Hijo unigénito. Su fe nunca debe ser un pensamiento posterior; debe ser su prioridad suprema, su posesión suprema y su pasión suprema. Usted es el recipiente del amor de Cristo. Acéptelo con entusiasmo y compártalo con pasión. Jesús merece su entusiasmo extremo; el mundo lo merece; y usted merece la experiencia de compartirlo.

ᐧᐧᐧ CONSEJO SABIO ᐧᐧᐧ

A menos que ponga en primer lugar lo que es primero, estará destinado a terminar el último. Y no olvide que poner en primer lugar lo que es primero significa Dios primero y la familia después.

Da qué pensar contemplar cuánto tiempo, esfuerzo, sacrificio, compromiso y atención damos a adquirir y aumentar nuestra provisión de algo que es totalmente insignificante en la eternidad.

Anne Graham Lotz

Un gran alivio y satisfacción pueden llegar de buscar las prioridades de Dios para nosotros en cada período, discernir lo que es mejor en medio de muchas oportunidades nobles, y derramar nuestras energías más excelentes en esas cosas.

Beth Moore

El pecado es en gran parte una cuestión de prioridades erróneas. Cualquier pecado en nosotros que sea atesorado, escondido y no confesado cortará el nervio central de nuestra fe.

Catherine Marshall

Había demandas interminables sobre el tiempo de Jesús. Aún así, Él puso hacer la afirmación increíble: "he llevado a cabo la obra que me encomendaste" (Juan 17:4, NVI).

Elisabeth Elliot

 ORACIÓN

Señor, que tus prioridades sean mis prioridades. Que tu voluntad sea mi voluntad. Que tu Palabra sea mi guía, y que pueda crecer en fe y en sabiduría este día y cada día. Amén.

No dejen que el corazón se les llene de angustia; confíen en Dios y confíen también en mí.

Juan 14:1, NTV

LOS LÍDERES SABIOS AFRONTAN SUS PROBLEMAS Y ORAN RESPECTO A ELLOS

Aquí tiene una adivinanza: ¿Qué es muy poco importante para orar al respecto y a la vez demasiado grande para que Dios lo maneje? La respuesta, desde luego, es: "nada". Sin embargo, a veces, cuando los desafíos del día parecen abrumadores, puede que pasemos más tiempo preocupándonos por nuestros problemas que orando por ellos. Y puede que pasemos más tiempo asustados por nuestros problemas que resolviéndolos. Una estrategia mucho mejor es orar como si todo dependiera totalmente de Dios y trabajar como si todo dependiera totalmente de nosotros.

Lo que nosotros vemos como problemas, Dios lo ve como oportunidades. Y si queremos confiar en Él por completo, debemos reconocer que aunque nuestra propia visión este horriblemente dañada, la visión de Él es perfecta. Hoy y cada día hemos de confiar en Dios confrontando con valentía las cosas que vemos como problemas y que Él ve como posibilidades.

 CONSEJO SABIO

Un problema es una oportunidad en ropa de trabajo.

Henry J. Kaiser, Jr.

Escojo el gozo. Rehusaré la tentación de ser cínico; el cinismo es la herramienta de un pensador perezoso. Me negaré a considerar a las personas como nada menos que seres humanos, creados por Dios. Me negaré a ver cualquier problema como nada menos que una oportunidad de ver a Dios.

Max Lucado

Las personas más felices del mundo no son aquellas que no tienen ningún problema, sino las que han aprendido a vivir con las cosas que son menos que perfectas.

James Dobson

Usted tiene problemas; yo tengo problemas; todos los hijos de Dios tienen problemas. La pregunta es: ¿cómo va a tratarlos?

John Maxwell

La fe no elimina los problemas. La fe le mantiene en una relación de confianza con Dios en medio de sus problemas.

Henry Blackaby

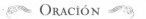

ORACIÓN

Amado Señor, las cosas que a mí me parecen problemas puede que realmente sean oportunidades de parte de ti. Por lo tanto, hoy me enfocaré no en los retos que afronte sino en las oportunidades que me han sido dadas. Amén.

Me mostrarás la senda de la vida; en tu presencia hay plenitud de gozo; delicias a tu diestra para siempre.

Salmo 16:11, RVR-1960

ÉL LE MOSTRARÁ EL CAMINO

La vida se vive mejor con propósito. Y el propósito, como todo lo demás en el universo, comienza en el corazón de Dios. Lo entienda usted o no, Dios tiene una dirección para su vida, un llamado divino, un camino por el que Él quiere guiarle. Cuando usted da la bienvenida a Dios en su corazón y establece una relación genuina con Él, Él comenzará, y continuará, dando a conocer sus propósitos.

Cada mañana, cuando el sol sale por el este, usted da la bienvenida a un nuevo día, que está lleno hasta rebosar de oportunidades, de posibilidades y de Dios. Al contemplar las bendiciones de Dios en su propia vida, debería buscar en oración su guía para el día que tiene por delante.

Descubrir el propósito de Dios para su vida es un viaje diario, un viaje guiado por las enseñanzas de la santa Palabra de Dios. Al reflexionar en las promesas de Dios y en el significado que esas promesas tienen para usted, pida a Dios que le dirija a lo largo del día. Que su Padre celestial dirija sus pasos; concéntrese en lo que Dios quiere que usted haga ahora, y deje el futuro distante en manos que son mucho más capaces que las suyas propias: las manos de Él.

A veces, las intenciones de Dios serán claras para usted; otras veces, el plan de Dios parecerá incierto, en el mejor de los casos. Pero incluso en esos días difíciles en que está inseguro acerca de qué rumbo tomar, nunca debe perder de vista estos hechos: Dios le creó con un motivo; Él tiene un trabajo importante para que usted lo haga; y Él espera pacientemente a que usted lo haga.

CONSEJO SABIO

Dios tiene un plan para su vida, un propósito definido que usted puede cumplir… o no. Su reto es orar por la guía de Dios y seguir dondequiera que Él le dirija.

Cuando Dios le habla a través de la Biblia, la oración, las circunstancias, la iglesia, o de cualquier otra manera, tiene un propósito en mente para su vida.

Henry Blackaby y Claude King

ORACIÓN

Amado Señor, sé que tú tienes un propósito para mi vida, y buscaré ese propósito hoy y cada día que viva. Que mis actos sean agradables a ti, y que comparta tus buenas nuevas con un mundo que necesita desesperadamente tu mano de sanidad y la salvación de tu Hijo. Amén.

Quédense quietos, reconozcan que yo soy Dios.

Salmos 46:10, NVI

QUÉDESE QUIETO

Vivimos en un mundo ruidoso, un mundo lleno de distracciones, frustraciones, obligaciones y complicaciones. Pero no debemos permitir que nuestro clamoroso mundo nos separe de la paz de Dios. En cambio, debemos "estar quietos" para así poder sentir la presencia de Dios.

Si queremos mantener una mente recta y un corazón compasivo, debemos tomar tiempo cada día para la oración y la meditación. Debemos quedarnos quietos en la presencia de nuestro Creador. Debemos aquietar nuestra mente y nuestro corazón para así poder sentir el amor de Dios, la voluntad de Dios y al Hijo de Dios.

¿Le ha robado el ajetreado ritmo de la vida la paz que de otro modo podría ser de usted mediante Jesucristo? Si es así, es momento de reordenar sus prioridades. Nada es más importante que el tiempo que pasa con su Salvador. Así que esté quieto y reclame la paz interior que es su primogenitura espiritual: la paz de Jesucristo. Se ofrece gratuitamente; se ha pagado al completo; es suya cuando lo pida. Así que pida. Y después comparta.

⁗ CONSEJO SABIO ⁗

Esté quieto y escuche a Dios. Él tiene algo importante que decirle.

Ya que la tranquila hora pasada con Dios es la fuente de poder del predicador, el diablo centra su atención en esa fuente de fortaleza.

Vance Havner

Tiempo tranquilo es darle a Dios su atención completa durante una cantidad de tiempo predeterminado con el propósito de hablar con Él y escucharlo.

Charles Stanley

Que este sea su objetivo en la oración: darse cuenta de la presencia de su Padre celestial. Que su lema sea: A solas con Dios.

Andrew Murray

Cuando estamos en la presencia de Dios, apartados de las distracciones, somos capaces de oírlo con más claridad, y se ha establecido un ambiente seguro para que los lugares jóvenes y rotos en nuestro corazón salgan a la superficie.

John Eldredge

ORACIÓN

Señor, tu santa Palabra es una luz para el mundo; quiero estudiarla, confiar en ella y compartirla con quien se cruce en mi camino. Permíteme descubrirte, Padre, en los momentos tranquilos del día. Y en todo lo que haga y diga, ayúdame a ser un testigo digno cuando comparta las buenas nuevas de tu perfecto Hijo y tu perfecta Palabra. Amén.

Por lo tanto, si alguno está en Cristo, es una nueva creación. ¡Lo viejo ha pasado, ha llegado ya lo nuevo!

2 Corintios 5:17, NVI

Los líderes sabios saben que Dios ofrece renovación

Cuando elevamos genuinamente nuestro corazón y nuestras oraciones a Dios, Él renueva nuestras fuerzas. ¿Está usted casi demasiado cansado para levantar su cabeza? Entonces inclínela. Ofrezca sus preocupaciones y sus temores a su Padre celestial. Él está siempre a su lado, ofreciendo su amor y su fortaleza.

¿Está usted preocupado o ansioso? Lleve sus ansiedades a Dios en oración. ¿Está débil o preocupado? Métase profundamente en la santa Palabra de Dios y sienta su presencia en los momentos tranquilos de las primeras horas de la mañana. ¿Está usted espiritualmente agotado? Llame a otros creyentes a que le apoyen, y clame a Cristo para que renueve su espíritu y su vida. Su Salvador nunca le decepcionará. Por el contrario, Él siempre le levantará si usted se lo pide. Por lo tanto, querido amigo, ¿a qué está esperando?

⌘ Consejo sabio ⌘

Dios puede hacer nuevas todas las cosas, incluido usted. Cuando esté débil o preocupado, Dios puede renovar su espíritu. Su tarea es permitírselo.

Caminar con Dios conduce a recibir su consejo íntimo, y su consejo conduce a una profunda restauración.

John Eldredge

Durante siglos ahora, los cristianos han derramado sus corazones ante el Señor y han encontrado atesorados momentos de refugio.

Bill Hybels

Los problemas que soportamos pueden producirnos una visión nueva de Dios y una nueva perspectiva de la vida, una perspectiva de paz y esperanza.

Billy Graham

ORACIÓN

Amado Señor, a veces me canso; a veces estoy desalentado; a veces tengo temor. Sin embargo, cuando dirijo mi corazón y mis oraciones a ti, estoy seguro. Renueva mis fuerzas, Padre, y que pueda obtener consuelo y valor de tus promesas y de tu amor interminable. Amén.

Si confesamos nuestros pecados, él es fiel y justo para perdonar nuestros pecados, y limpiarnos de toda maldad.

1 Juan 1:9, RVR-1960

Arrepentimiento verdadero

¿Quién entre nosotros ha pecado? Todos nosotros. Pero Dios nos llama a alejarnos del pecado siguiendo sus mandamientos. Y la buena noticia es la siguiente: cuando pedimos el perdón de Dios y dirigimos nuestros corazones a Él, Él nos perdona absolutamente y completamente.

El arrepentimiento genuino requiere algo más que simplemente ofrecer disculpas a Dios por nuestras malas obras. El arrepentimiento verdadero puede comenzar con sentimientos de tristeza y remordimiento, pero termina solamente cuando nos alejamos del pecado que hasta entonces nos ha distanciado de nuestro Creador. En verdad, ofrecemos nuestras disculpas más sinceras a Dios no con nuestras palabras, sino con nuestros actos. Mientras sigamos aún participando en el pecado, puede que nos estemos "arrepintiendo", pero no nos hemos "arrepentido" plenamente.

¿Hay algún aspecto de su vida que le esté distanciando de su Dios? Si es así, pídale perdón; igual de importante, deje de pecar. Entonces, envuélvase en la protección de la Palabra de Dios. Cuando lo haga, estará seguro.

⟜ CONSEJO SABIO ⟞

Si está participando en una conducta que no agrada a Dios, hoy es el día para detenerse. Primero, confiese sus pecados a Dios. Entonces, pregúntele qué acciones debería emprender a fin de enderezar de nuevo las cosas.

El arrepentimiento es entre otras cosas una sincera disculpa a Dios por no confiar en Él por tanto tiempo, y la fe es lanzarse uno mismo sobre Cristo en completa confianza.

A. W. Tozer

Cuatro marcas del arrepentimiento verdadero son: reconocimiento de la ofensa, disposición a confesarla, disposición a abandonarla, y disposición a hacer restitución.

Corrie ten Boom

⟜ ORACIÓN ⟞

Cuando me desvío de tus mandamientos, Señor, no sólo debo confesar mis pecados, sino también alejarme de ellos. Cuando no esté a la altura, ayúdame a cambiar. Cuando rechace tu Palabra y tu voluntad para mi vida, guíame de regreso a tu lado. Perdona mis pecados, amado Señor, y ayúdame a vivir según tu plan para mi vida. Tu plan es perfecto, Padre; yo no lo soy. Quiero confiar en ti. Amén.

Vengan a mí todos ustedes que están cansados y agobiados, y yo les daré descanso. Carguen con mi yugo y aprendan de mí, pues yo soy apacible y humilde de corazón, y encontrarán descanso para su alma. Porque mi yugo es suave y mi carga es liviana.

Mateo 11:28-30, NVI

¿Suficiente descanso?

Incluso los líderes cristianos más inspirados pueden, de vez en cuando, encontrarse avanzando sin energía. Las demandas de la vida diaria pueden agotar todas nuestras fuerzas y robarnos el gozo que es legítimamente nuestro en Cristo. Cuando nos encontramos cansados, desalentados, o peor, hay una fuente de la cual podemos extraer el poder que necesitamos para recargar nuestras baterías espirituales. Esa fuente es Dios.

Dios quiere que sus hijos lleven vidas gozosas llenas de abundancia y paz; pero a veces, la abundancia y la paz parecen muy lejanas. Es entonces cuando debemos acudir a Dios para obtener renovación, y cuando lo hagamos, Él nos restaurará.

Dios espera que trabajemos duro, pero también quiere que descansemos. Cuando no tomamos el descanso que necesitamos, hacemos un flaco servicio a nosotros mismos y a nuestras familias.

¿Está baja su batería espiritual? ¿Está agotada su energía? ¿Están crispadas sus emociones? Si ese es el caso, es momento de dirigir sus pensamientos y sus oraciones a Dios. Y cuando haya terminado, es momento de descansar.

⤜ CONSEJO SABIO ⤛

Se necesita energía para ser un buen líder; el agotamiento no es el camino de Dios. Un líder cristiano bien descansado puede ser un obrero mucho más eficaz para Dios.

Jesús nos da el descanso definitivo, la confianza que necesitamos, para escapar de la frustración y el caos del mundo que nos rodea.

Billy Graham

Satanás hace parte de su peor obra en cristianos agotados cuando los nervios están crispados y sus mentes son débiles.

Vance Havner

Jesús nos enseñó mediante el ejemplo a salir de la carrera de locos y recargar nuestras baterías.

Barbara Johnson

⤜ ORACIÓN ⤛

Amado Señor, cuando esté cansado, dame la sabiduría para hacer lo inteligente: ¡dame la sabiduría para poner mi cabeza sobre la almohada y descansar! Amén.

Trabajarán ustedes durante seis días, pero el séptimo día es de reposo, es un día de fiesta solemne en mi honor, en el que no harán ningún trabajo. Dondequiera que ustedes vivan, será sábado consagrado al Señor.

Levítico 23:3, NVI

Los líderes sabios guardan el día de reposo

Cuando Dios dio a Moisés los Diez Mandamientos, quedó perfectamente claro que nuestro Padre celestial quiere que hagamos del día de reposo un día santo, un día para la adoración, para la contemplación, para la comunión y para el descanso. Sin embargo, vivimos en un mundo con una semana de siete días, un mundo que con demasiada frecuencia trata el domingo como un día laboral común.

Una manera de demostrar liderazgo cristiano es darle a Dios al menos un día cada semana. Si saca el tiempo para un día de adoración y alabanza, se sorprenderá por la influencia que tendrá en el resto de su semana; pero si no honra el día de Dios, si trata el día de reposo como un día para trabajar o un día para ir de fiesta, se perderá una cosecha de bendiciones que solamente está disponible un día cada semana.

¿Cómo observa su familia el día del Señor? Cuando el servicio de la iglesia termina, ¿trata el domingo como cualquier otro día de la semana? Si es así, es momento de pensar detenidamente en su calendario familiar y sus prioridades como familia. Y si han estado tratando el domingo como cualquier otro día, es momento de romper ese ámbito. Cuando llegue el domingo, no intente llenar cada momento libre. Tome tiempo para descansar… ¡órdenes del Padre!

CONSEJO SABIO

Hoy, piense en maneras nuevas en que puede honrar a Dios en el día de reposo. El día de reposo es distinto a los otros seis días de la semana, y a usted le corresponde tratarlo de esa manera.

Jesús nos da el descanso definitivo, la confianza que necesitamos, para escapar a la frustración y el caos del mundo que nos rodea.

Billy Graham

Una de las razones por las que gran parte del cristianismo tiene un kilómetro de anchura y unos centímetros de profundidad es que los cristianos sencillamente están cansados. A veces necesitamos dar un paso atrás y descansar por causa de Jesús.

Dennis Swanberg

ORACIÓN

Amado Señor, te doy gracias por el día de reposo, un día en que puedo adorarte y alabar a tu Hijo. Guardaré el día de reposo como un día santo, un día en que puedo honrarte. Amén.

Regocíjense por su santo nombre; alégrense ustedes, los que adoran al Señor. Busquen al Señor y su fuerza, búsquenlo continuamente.

1 Crónicas 16:10-11, NTV

LOS LÍDERES SABIOS BUSCAN A DIOS CONTINUAMENTE

A veces, en el agotamiento de nuestras obligaciones diarias, Dios parece muy lejano, pero no es así. Dios está en todas partes donde hayamos estado, y en todas partes donde iremos alguna vez. Él está con nosotros día y noche; Él conoce nuestros pensamientos y nuestras oraciones. Y cuando lo buscamos sinceramente, lo encontraremos porque Él está aquí, esperando con paciencia a que nos acerquemos a Él.

Si ha sido tocado por el amor transformador de Jesús, entonces tiene todas las razones para vivir con valentía. Después de todo, Cristo ya ha ganado la batalla definitiva, y la ganó por usted, en la cruz en el Calvario. Aun así, incluso si es usted un cristiano dedicado, puede encontrarse desalentado por los inevitables desengaños y tragedias que se producen en las vidas de creyentes y no creyentes por igual.

La próxima vez que descubra que su valentía es probada hasta el límite, apóyese en las promesas de Dios. Confíe en su Hijo. Recuerde que Dios está siempre cerca y que Él es su protector y su libertador. Y por favor recuerde que a pesar de cuáles sean sus circunstancias, y a pesar de sus responsabilidades de liderazgo, Dios nunca le dejará. Él está siempre presente, siempre amoroso, siempre listo para consolar y proteger.

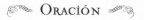

Consejo sabio

Dios le está buscando; le corresponde a usted, y solamente a usted, abrir su corazón a Él.

Los corazones sedientos son aquellos cuyos anhelos han sido despertados por el toque de Dios en su interior.

A. W. Tozer

Algunas personas oran solamente por orar, y algunas personas oran para conocer a Dios.

Andrew Murray

Pero estoy convencido de que la mejor manera de lidiar con el cambio, por irónico que sea, es llegar a conocer a un Dios que no cambia, que proporciona un ancla en los turbulentos mares del cambio.

Bill Hybels

Oración

Amado Señor, en los tranquilos momentos de este día, llevaré mis pensamientos y mis oraciones a ti. En estos momentos de silencio, buscaré tu presencia y tu voluntad para mi vida, sabiendo que cuando acepto tu paz, seré bendecido hoy y por la eternidad. Amén.

Le has hecho poco menor que los ángeles, y lo coronaste de gloria y de honra.

Salmos 8:5, RVR-1960

LOS LÍDERES SABIOS ENTIENDEN LA IMPORTANCIA DE EDIFICAR UNA SANA AUTOIMAGEN

A veces es difícil sentirse bien con uno mismo, especialmente cuando vivimos en una sociedad que sigue enviando el mensaje de que tenemos que ser perfectos.

¿Es usted su peor crítico? Y en respuesta a esa crítica, ¿intenta constantemente transformarse en una persona que cumpla con las expectativas de la sociedad pero no con las expectativas de Dios? Si es así, ha llegado el momento de ser un poco más entendido de la persona que ve cuando se mira en el espejo.

Se han escrito millones de palabras acerca de diversas maneras de mejorar la autoestima. Sin embargo, mantener una imagen propia saludable es, hasta un grado sorprendente, cuestión de hacer tres cosas: 1. Obedecer a Dios. 2. Pensar pensamientos sanos. 3. Ser apasionado acerca de hacer cosas que agradan a su Creador y a usted mismo. Cuando dé esos tres pasos, su autoestima tenderá a ocuparse de sí misma; y su vida servirá como un testimonio duradero de los cambios que Dios hace en las vidas de seguidores fieles como usted.

⤳ CONSEJO SABIO ⤳

No cometa el error de valorarse poco. Sin importar el tamaño de sus desafíos, puede estar seguro de que usted y Dios, trabajando juntos, pueden manejarlos.

Usted es valioso tan sólo porque existe. No debido a lo que hace o lo que haya hecho, sino simplemente porque usted es.

Max Lucado

Si alguna vez se pusiera un precio a usted mismo, tendría que leerse "Jesús", porque eso es lo que Dios pagó para salvarle.

Josh McDowell

Su autoimagen no tiene que quedar permanentemente dañada por las circunstancias de la vida. Puede ser renovada cuando hay una infusión de nueva vida en Jesucristo.

Ed Young

Hágase hoy un regalo a usted mismo: esté presente consigo mismo. Dios lo está. Disfrute de su propia personalidad. Dios lo hace.

Barbara Johnson

⤳ ORACIÓN ⤳

Amado Señor, que sea consciente de que soy una persona especial, creada por ti, amada por ti y salvada por tu Hijo. Amén.

Mientras sea de día, tenemos que llevar a cabo la obra del que me envió. Viene la noche cuando nadie puede trabajar.

Juan 9:4, NVI

Los líderes sabios sirven a Dios

Vivimos en un mundo que glorifica poder, prestigio, fama y dinero. Pero las palabras de Jesús nos enseñan que los hombres y las mujeres más estimados en este mundo no son los maestros de la sociedad que se congratulan a sí mismos sino que son, en cambio, los siervos más humildes.

¿Está dispuesto a convertirse en un humilde siervo-líder para Cristo? ¿Está dispuesto a echar una mano y hacer que el mundo sea un mejor lugar, o está determinado a guardar para usted mismo todas sus bendiciones? Las respuestas a estas preguntas determinarán la calidad de su liderazgo y la dirección de su vida.

Hoy, puede que sienta la tentación de tomar más de lo que da. Puede verse tentado a retener su generosidad; o puede ser tentado a establecer su reputación ante los ojos de sus socios. Resista esas tentaciones. En cambio, que sirva a los demás tranquilamente y sin fanfarria. Encuentre una necesidad y súplala… humildemente. Preste ayuda…. de modo anónimo. Comparta una palabra de amabilidad… con una tranquila sinceridad. A medida que realiza sus actividades diarias, recuerde que el Salvador de toda la humanidad se hizo a sí mismo siervo, y nosotros, como sus seguidores, no debemos hacer menos.

❧ CONSEJO SABIO ❧

Los líderes cristianos son siervos-líderes. La dirección de sus pasos y la calidad de su vida estarán determinados por el nivel de su servicio.

Ninguna vida puede sobrepasar a la de un hombre que ciertamente continúa sirviendo a Dios en el lugar donde la providencia lo ha situado.

C. H. Spurgeon

Un cristiano es un señor de todo perfectamente libre, sujeto a nadie. Un cristiano es un siervo de todo perfectamente obligado, sujeto a todo.

Martín Lutero

Si hacer un buen acto público animará a otros a hacer más bien, entonces que su luz brille delante de todos. No pierda ninguna oportunidad de hacer el bien.

John Wesley

❧ ORACIÓN ❧

Padre celestial, cuando Jesús se humilló a sí mismo y se hizo siervo, también se convirtió en un ejemplo para sus seguidores. Hoy, mientras sirvo a mi familia, mis amigos y mis compañeros de trabajo, lo hago en el nombre de Jesús. Guía mis pasos, Padre, y que mi servicio sea agradable a ti. Amén.

Pero gran ganancia es la piedad acompañada de contentamiento;
porque nada hemos traído a este mundo, y sin duda nada podremos
sacar. Así que, teniendo sustento y abrigo, estemos contentos con esto.

1 Timoteo 6:6-8, RVR-1960

LOS LÍDERES SABIOS HACEN LAS COSAS SENCILLAS

Vivimos en un mundo donde hay falta de simplicidad. Pensemos por un momento en la complejidad de la vida diaria y comparémosla con las vidas de nuestros antecesores. Ciertamente, usted es el beneficiario de muchas innovaciones tecnológicas, pero esas innovaciones tienen un precio: es muy probable que su mundo sea muy complejo. Considere lo siguiente:

1. Desde el momento en que se despierta en la mañana hasta que reposa su cabeza sobre la almohada en la noche, es usted la diana de una corriente continua de información publicitaria. Cada mensaje tiene intención de captar su atención a fin de convencerle de que compre cosas que no sabía que necesitaba (¡y que probablemente no necesita!).

2. Aspectos esenciales de su vida y su carrera están sujetos a una corriente cada vez mayor de reglas y regulaciones.

3. A menos que tome un firme control de su tiempo, su vida y su organización, puede que se vea abrumado por una oleada cada vez mayor de complejidad que amenaza su éxito.

Su Padre celestial entiende el gozo de vivir con simplicidad, y también debería entenderlo usted. Por lo tanto, hágase un favor a usted mismo, a su familia y a sus socios: mantenga las cosas todo lo sencillas posible. La simplicidad es, ciertamente, una genialidad. Al simplificar las cosas, está usted destinado a mejorarlas.

CONSEJO SABIO

Simplicidad y paz son dos conceptos que están muy relacionados. Complejidad y paz no lo están.

Receta para una vida más feliz y más saludable: decida aminorar su paso; aprenda a decir no amablemente; resista la tentación de perseguir más placer, más pasatiempos y más compromisos sociales.

James Dobson

La eficacia es mejorada no por lo que logramos sino con mayor frecuencia por lo que retiramos.

Charles Swindoll

ORACIÓN

Querido Señor, ayúdame a entender las alegrías de la simplicidad. La vida es lo bastante complicada sin que yo añada a la confusión. Dondequiera que esté, ayúdame a mantenerlo sencillo: muy sencillo. Amén.

Como naranjas de oro con incrustaciones de plata son las palabras dichas a tiempo.

Proverbios 25:11, NVI

LOS LÍDERES SABIOS MIDEN CON CUIDADO SUS PALABRAS

A lo largo del libro de Proverbios se nos recuerda que las palabras que decimos tienen un gran poder. Si nuestras palabras son alentadoras, podemos edificar a otros; si nuestras palabras son dañinas, podemos retener a otros. Por lo tanto, si esperamos resolver más problemas de los que comenzamos, debemos medir con cuidado nuestras palabras.

A veces, incluso los más considerados entre nosotros hablamos primero y pensamos después (con resultados ciertamente mezclados). Una estrategia mucho mejor, desde luego, es hacer lo más difícil: pensar primero y hablar después.

¿Quiere ser un líder que sirve como una fuente constante de aliento para otros? ¿Y busca ser un embajador digno para Cristo? Si es así, debe expresar palabras que sean dignas de su Salvador. Por lo tanto, evite arrebatos de enojo y palabras impulsivas. En cambio, declare palabras de aliento y esperanza a un mundo que necesita ambas cosas desesperadamente.

CONSEJO SABIO

Los líderes sabios prestan mucha atención a las palabras que dicen. Por lo tanto, mida sus palabras con cuidado y en oración.

La mayor prueba del carácter de un hombre es su lengua.

Oswald Chambers

Cambie el corazón, y cambiará la conversación.

Warren Wiersbe

Parte de la buena comunicación es escuchar con los ojos al igual que con los oídos.

Josh McDowell

El mejor uso de la vida es el amor. La mejor expresión de amor es el tiempo. El mejor tiempo para amar es ahora.

Rick Warren

Un pequeño consejo amable es mejor que una gran cantidad de burla.

Fanny Crosby

ORACIÓN

Amado Señor, tú me has ordenado escoger mis palabras con cuidado para que pueda ser una fuente de aliento y esperanza para todo aquel con quien me encuentre. Que sea consciente, Señor, de que tengo influencia sobre muchas personas. Que las palabras que diga hoy sean dignas de Aquel que me ha salvado para siempre. Amén.

Busquen al Señor y a su fuerza, búsquenlo continuamente. Recuerden las maravillas y los milagros que ha realizado, y los decretos que ha dictado.

Salmos 105:4-5, NTV

FORTALEZA DE PARTE DE DIOS

Hoy, como cualquier otro día, rebosa literalmente de posibilidades. Ya sea que nos demos cuenta o no, Dios está siempre obrando en nosotros y por medio de nosotros; nuestra tarea es permitir que haga su obra sin una interferencia indebida. Sin embargo, somos seres imperfectos que, debido a nuestra visión limitada, con frecuencia nos resistimos a la voluntad de Dios. Y a veces, debido a nuestra terca insistencia en meter demasiadas actividades en un día de 24 horas, nos permitimos llegar a estar agotados, o frustrados, o ambas cosas.

¿Está cansado o turbado? Dirija su corazón hacia Dios en oración. ¿Está débil o preocupado? Tome tiempo, o más precisamente haga el tiempo, para meterse profundamente en la santa Palabra de Dios. ¿Está espiritualmente agotado? Llame a otros creyentes para que le apoyen, y clame a Cristo para que renueve su espíritu y su vida. ¿Está simplemente abrumado por las demandas del día? Ore para obtener la sabiduría de simplificar su vida.

Cuando haga esas cosas, descubrirá que el Creador del universo siempre está preparado y es siempre capaz de crear un nuevo sentimiento de asombro y gozo en usted.

⁓ CONSEJO SABIO ⁓

Cuando esté cansado, temeroso o desalentado, Dios puede restaurar sus fuerzas.

El mismo Dios que capacitó a Sansón, Gedeón y Pablo quiere capacitar mi vida y su vida, porque Dios no ha cambiado.

Bill Hybels

Tenemos un Dios que se deleita en las imposibilidades.

Andrew Murray

Una fortaleza divina se otorga a aquellos que se rinden ante el Padre y obedecen lo que Él les dice que hagan.

Warren Wiersbe

⁓ ORACIÓN ⁓

Amado Señor, acudiré a ti para obtener fuerzas. Cuando mis responsabilidades de liderazgo parezcan abrumadoras, confiaré en que me des valentía y perspectiva. Hoy y cada día, te miraré a ti como la fuente suprema de mi esperanza, mi fortaleza, mi paz y mi salvación. Amén.

Pon todo lo que hagas en manos del Señor, y tus planes tendrán éxito.

Proverbios 16:3, NTV

DEFINIR EL ÉXITO

¿Cómo define el éxito? ¿Lo define como la acumulación de posesiones materiales o la adulación de los demás? Si es así, necesita reordenar sus prioridades. El éxito genuino tiene poco que ver con la fama o la fortuna; tiene todo que ver con el regalo de amor de Dios y su promesa de salvación.

Si usted ha aceptado a Cristo como su Salvador personal, ya es un éxito supremo ante los ojos de Dios, pero sigue habiendo más que puede usted hacer. Su tarea, como creyente que ha sido tocado por la gracia del Creador, es aceptar la abundancia y la paz espiritual es que Él ofrece mediante la persona de su Hijo. Entonces, puede compartir el mensaje de sanidad del amor de Dios y su abundancia con un mundo que necesita desesperadamente ambas cosas. Cuando lo hace, ha llegado al pináculo del éxito.

⌘ CONSEJO SABIO ⌘

No permita que el mundo defina el éxito para usted. Solamente Dios puede hacer eso.

Nosotros, como creyentes, debemos permitir que Dios defina el éxito. Y cuando lo hacemos, Dios nos bendice con su amor y su gracia.

Jim Gallery

El éxito o el fracaso pueden muy bien predecirse por el grado hasta el cual el corazón está plenamente en ello.

John Eldredge

Con frecuencia, la actitud es la única diferencia entre éxito y fracaso.

John Maxwell

No hay mucho que usted no pueda lograr o soportar si sabe que Dios está caminando a su lado. Tan sólo recuerde: Alguien conoce, y a Alguien le importa.

Bill Hybels

Éxito y felicidad no son destinos. Son viajes emocionantes e interminables.

Zig Ziglar

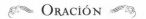 ORACIÓN

Amado Señor, que tus prioridades sean mis prioridades. Que tu voluntad sea mi voluntad. Que tu Palabra sea mi guía, y sea consciente de que el éxito genuino es un resultado no de la aprobación del mundo, sino de tu aprobación. Amén.

Tenemos dones diferentes, según la gracia que se nos ha dado. si es el de dirigir, que dirija con esmero; si es el de mostrar compasión, que lo haga con alegría.

Romanos 12:6, 8, NVI

USE SUS TALENTOS

El viejo dicho es a la vez familiar y verdadero: "Lo que somos es el regalo de Dios para nosotros: lo que llegamos a ser es nuestro regalo a Dios". Cada uno de nosotros posee talentos especiales, dados por Dios, que pueden ser alimentados cuidadosamente o ignorados por completo. Nuestro desafío, desde luego, es utilizar nuestras habilidades hasta el mayor grado posible y usarlas de maneras que honren a nuestro Salvador.

¿Está utilizando sus talentos naturales para hacer del mundo de Dios un mejor lugar? Si es así, felicidades. Pero si tiene dones que no ha explorado y desarrollado plenamente, quizá necesite tener una charla con Aquel que le dio esos dones en primer lugar. Sus talentos son invaluables tesoros que su Padre celestial le ha ofrecido. Úselos. Después de todo, una manera obvia de dar las gracias al Dador es usar los dones que Él ha dado.

CONSEJO SABIO

Dios le ha dado un conjunto único de talentos y oportunidades. El resto le corresponde a usted.

Usted es una mezcla única de talentos, habilidades y dones, lo cual le hace ser un miembro indispensable del cuerpo de Cristo.

Charles Stanley

En la gran orquesta que llamamos vida, usted tiene un instrumento y un canto, y le debe a Dios tocar ambos de manera sublime.

Max Lucado

Usted es la única persona en la tierra que puede usar su capacidad.

Zig Ziglar

Una cosa que se enseña ampliamente en las santas Escrituras es que aunque Dios da sus dones gratuitamente, Él requerirá que rindamos cuentas estrictamente de ellos al final del camino. Cada hombre es personalmente responsable de lo que tiene, sea grande o pequeño, y se le requerirá que explique el uso que ha hecho de ello delante del tribunal de Cristo.

A.W. Tozer

 ORACIÓN

Señor, tú nos has dado talentos a todos nosotros, y yo no soy una excepción. Tú me has bendecido con un talento, que pueda descubrirlo, alimentarlo y usarlo para la gloria de tu reino. Compartiré mis dones con el mundo, y te daré alabanza a ti, el Dador de todo lo bueno. Amén.

Ustedes no han sufrido ninguna tentación que no sea común al género humano. Pero Dios es fiel, y no permitirá que ustedes sean tentados más allá de lo que puedan aguantar. Más bien, cuando llegue la tentación, él les dará también una salida a fin de que puedan resistir.

1 Corintios 10:13, NVI

Resistir la tentación

Es inevitable: hoy será usted tentado por alguien o por algo; de hecho, probablemente será tentado muchas veces. ¿Por qué? ¡Porque vive en un mundo que está lleno a rebosar de tentaciones! Algunas de esas tentaciones son pequeñas; comer una segunda bola de helado, por ejemplo, es atractivo pero no muy peligroso. Otras tentaciones, sin embargo, no son tan inofensivas.

El diablo está trabajando las 24 horas del día, siete días por semana, y está causando dolor y sufrimiento de más maneras que nunca antes. Nosotros, como creyentes, debemos permanecer alerta y fuertes. Y la buena noticia es esta: cuando se trata de pelear contra Satanás, nunca estamos solos. Dios está siempre con nosotros, y Él nos da el poder para resistir la tentación siempre que le pedimos que nos dé fuerzas.

En una carta a creyentes, Pedro ofreció una advertencia: "Su enemigo el diablo ronda como león rugiente, buscando a quién devorar" (1 Pedro 5:8, NVI). Como cristianos, debemos tomar en serio esa advertencia, y debemos conducirnos en consecuencia.

⚜ CONSEJO SABIO ⚜

Debido a que vive en un mundo lleno de tentación, debe guardar sus ojos, sus pensamientos y su corazón: todo el día, todos los días.

Es más fácil mantenerse fuera de la tentación que salir de ella.

Rick Warren

En las peores tentaciones nada puede ayudarnos sino la fe en que el Hijo de Dios se ha vestido de carne, está sentado a la diestra del Padre y ora por nosotros. No hay consuelo mayor.

Martín Lutero

La mayoría de cristianos no saben o entienden plenamente que el adversario de nuestras vidas es Satanás y que su principal herramienta es nuestra carne, nuestra vieja naturaleza.

Bill Bright

⚜ ORACIÓN ⚜

Querido Señor, este mundo está lleno de tentaciones, distracciones y frustraciones. Cuando alejo mis pensamientos de ti y de tu Palabra, Señor, sufro amargas consecuencias; pero cuando confío en tus mandamientos, estoy seguro. Dirige mi camino lejos de las tentaciones y distracciones del mundo. Que descubra tu voluntad y la siga, querido Señor, este día y siempre. Amén.

¡Gracias a Dios por su don inefable!

2 Corintios 9:15, RVR-1960

UN CORAZÓN AGRADECIDO

Aveces, la vida aquí en la tierra puede ser complicada, demandante y frustrante. Cuando las demandas de la vida y del liderazgo nos dejan corriendo de un lugar a otro con apenas momento alguno que desperdiciar, puede que no nos detengamos y demos gracias a nuestro Creador por las incontables bendiciones que Él nos otorga. Pero siempre que descuidamos dar las gracias adecuadas al Dador de todas las cosas buenas, sufrimos debido a nuestras prioridades incorrectas.

Como creyentes que han sido salvos por un Cristo resucitado, somos bendecidos por encima de toda comprensión humana. Nosotros, a quienes se nos ha dado tanto, deberíamos hacer de la gratitud un hábito, una parte regular de nuestra rutina diaria. Desde luego, los dones de Dios son demasiado numerosos para poder contarlos, pero deberíamos intentar contarlos, de todos modos. Le debemos a nuestro Padre celestial todo, incluida nuestra alabanza eterna… comenzando en este momento.

CONSEJO SABIO

Al declarar palabras de gratitud y alabanza, honra al Padre y protege su corazón contra las maldades de la apatía y la ingratitud.

Las palabras "dar gracias" y "pensar" (en inglés) vienen de la misma raíz. Si pensamos más, agradeceremos más.

Warren Wiersbe

Con frecuencia Dios nos sitúa en el camino guiándonos mediante el consejo de amigos y consejeros espirituales de confianza.

Bill Hybels

Aunque sé intelectualmente lo vulnerable que soy ante el orgullo y el poder, soy el último en saberlo cuando sucumbo a su seducción. Por eso los Llaneros Solitarios espirituales son tan peligrosos, y por eso debemos depender de hermanos y hermanas de confianza que nos aman lo suficiente para decirnos la verdad.

Chuck Colson

Dar gracias es bueno, pero vivir agradecido es mejor.

Jim Gallery

 ORACIÓN

Señor, que sea un cristiano agradecido. Tus bendiciones son invaluables y eternas. Te alabo, Señor, por tus dones y, sobre todo, por tu Hijo. Tu amor permanece para siempre. Te ofreceré mi gratitud sincera este día y por toda la eternidad. Amén.

Por lo demás, hermanos, todo lo que es verdadero, todo lo honesto, todo lo justo, todo lo puro, todo lo amable, todo lo que es de buen nombre; si hay virtud alguna, si algo digno de alabanza, en esto pensad.

Filipenses 4:8, RVR-1960

La dirección de sus pensamientos

¿Cómo dirigirá sus pensamientos hoy? ¿Obedecerá las palabras de Filipenses 4:8 pensando en las cosas que son verdaderas, nobles y justas? ¿O permitirá que sus pensamientos sean atrapados por la negatividad que parece dominar nuestro problemático mundo?

¿Se siente usted temeroso, enojado, aburrido o preocupado? ¿Está tan afanado por las preocupaciones de este día que no le da gracias a Dios por la promesa de la eternidad? ¿Está confundido, amargado o es pesimista? Si es así, Dios quiere tener una pequeña charla con usted.

Dios quiere que usted sea un embajador para Él, un líder cristiano entusiasta y lleno de esperanza; pero Dios no le obligará a adoptar una actitud positiva. Le corresponde a usted pensar positivamente acerca de sus bendiciones y oportunidades... o no. Por lo tanto, hoy y cada día a partir de ahora, celebre esta vida que Dios le ha dado centrando sus pensamientos y sus energías en cosas que son excelentes y dignas de alabanza. Hoy, cuente sus bendiciones en lugar de sus dificultades. Y dé gracias al Dador de todo lo bueno por dones que son simplemente demasiado numerosos para contarlos.

✥ CONSEJO SABIO ✥

Puede controlar sus pensamientos o sin duda ellos le controlarán a usted.

Son los pensamientos y las intenciones del corazón lo que moldean la vida de una persona.

John Eldredge

Ya sea que pensemos en Dios o hablemos de Dios, ya sea que actuemos o suframos por Él, todo es oración cuando no tenemos otro objeto que su amor y el deseo de agradarlo.

John Wesley

✥ ORACIÓN ✥

Amado Señor, me enfocaré en tu amor, tu poder, tus promesas y tu Hijo. Cuando sea débil, acudiré a ti para recibir fortaleza; cuando esté preocupado, acudiré a ti para recibir consuelo; cuando esté turbado, acudiré a ti para recibir paciencia y perspectiva. Ayúdame a guardar mis pensamientos, Señor, para que pueda honrarte en este día y por siempre. Amén.

Este es el día que hizo el Señor; nos gozaremos y alegraremos en él.
Salmos 118:24, NTV

LOS LÍDERES SABIOS CELEBRAN EL REGALO DE LA VIDA

El hoy es un recurso no renovable; cuando se ha ido, se ha ido para siempre. Nuestra responsabilidad, como creyentes considerados, es utilizar este día en servicio a la voluntad de Dios y en servicio a su pueblo. Cuando lo hacemos, enriquecemos nuestra propia vida y las vidas de aquellos a quienes amamos.

Dios nos ha bendecido abundantemente, y quiere que usted se regocije en sus dones. Por eso este día, y cada día que sigue, debería ser un tiempo de oración y celebración al considerar las buenas nuevas del don gratuito de Dios: salvación por medio de Jesucristo.

¿Qué espera del día que tiene por delante? ¿Espera que Dios haga cosas maravillosas, o está viviendo bajo una nube de aprensión y duda? Las familiares palabras del Salmo 118:24 nos recuerdan que cada día es una causa de celebración. Nuestra obligación como creyentes es regocijarnos en la maravillosa creación de Dios.

Hoy, celebre la vida que Dios le ha dado. Hoy, ponga una sonrisa en su rostro, palabras amables en sus labios y un canto en su corazón. Sea generoso con su alabanza y liberal con su aliento. Y entonces, cuando haya celebrado la vida al máximo, invite a sus amigos a hacer lo mismo. Después de todo, este es el día de Dios, y Él nos ha dado claras instrucciones para su uso. Se nos ordena regocijarnos y estar contentos. Por lo tanto, sin más preámbulos, que comience la celebración.

CONSEJO SABIO

Hoy es un regalo maravilloso y único de parte de Dios. Trátelo de esa manera.

Cuando caminamos verdaderamente con Dios a lo largo de nuestro día, la vida comienza lentamente a encajar en su lugar.

Bill Hybels

Cristo es el secreto, la fuente, la sustancia, el centro y la circunferencia de toda alegría verdadera y duradera.

Sra. De Charles E. Cowman

ORACIÓN

Amado Señor, tú me has dado otro día de vida; que celebre este día, y que lo utilice de acuerdo a tu plan. Acudo a ti y con fe en mi corazón y alabanza en mis labios. Te alabo, Padre, por el regalo de la vida y por la familia, los amigos y los compañeros de trabajo que enriquecen mi vida. Capacítame para vivir cada momento al máximo, totalmente implicado en tu voluntad. Amén.

Confía en el Señor de todo corazón, y no en tu propia inteligencia.

Proverbios 3:5, NVI

LOS LÍDERES SABIOS CONFÍAN EN DIOS

Es fácil hablar de confiar en Dios, pero cuando se trata de confiar en Él realmente, eso es considerablemente más difícil. La confianza genuina en Dios requiere algo más que palabras; requiere una disposición a seguir la guía de Dios y una disposición a obedecer sus mandamientos. (Estas cosas, a propósito, no son fáciles de hacer).

¿Ha pasado más tiempo hablando sobre Cristo que caminando en sus pasos? Si es así, Dios quiere tener una pequeña charla con usted. Y si no está dispuesto a hablar con Él, puede que Él emprenda otras acciones a fin de captar su atención.

Afortunadamente, siempre que esté dispuesto a hablar con Dios, Él está dispuesto a escuchar. Y en el instante en que decide ponerle a Él en el centro de su vida, Él responderá a esa decisión con bendiciones que son demasiado inesperadas para predecir y demasiado numerosas para contar.

La próxima vez que vea que su valentía es probada hasta el límite, apóyese en las promesas de Dios. Confíe en su hijo. Recuerde que Dios está siempre cercano y que es su protector y su libertador. Cuando esté preocupado, ansioso o temeroso, clame a Él. Dios puede ocuparse de los problemas que usted tiene infinitamente mejor que usted mismo, de modo que entréguelos a Él. Recuerde que Dios gobierna montañas y valles, con infinita sabiduría y amor, ahora y por siempre.

≈ Consejo sabio ≈

Porque Dios es digno de confianza, y porque Él le ha hecho promesas que tiene intención de cumplir, está usted protegido.

Dios es Dios. Él sabe lo que hace. Cuando usted no pueda seguir el rastro de su mano, confíe en el corazón de Él.

Max Lucado

La esperanza que tenemos en Jesús es el ancla para el alma, algo seguro y firme, que evita que nos desviemos o nos alejemos, y baja hasta las profundidades del amor de Dios.

Franklin Graham

≈ Oración ≈

Querido Señor, que mi fe esté en ti, y solamente en ti. Sin ti, soy débil, pero cuando confío en ti estoy protegido. En cada aspecto de mi vida, Padre, que ponga mi esperanza y mi confianza en tu infinita sabiduría y abundante gracia. Amén.

Y conocerán la verdad, y la verdad los hará libres.

Juan 8:32, NVI

Verdad con V mayúscula

Dios está vitalmente interesado en la verdad. Su Palabra enseña la verdad; su Espíritu revela la verdad; su hijo nos conduce a la verdad. Cuando abrimos nuestros corazones a Dios, y cuando permitimos que su Hijo gobierne sobre nuestros pensamientos y nuestras vidas, Dios se revela a sí mismo, y llegamos a entender la verdad acerca de nosotros mismos y la Verdad (con V mayúscula) acerca del regalo de gracia de Dios.

Las familiares palabras de Juan 8:32 nos recuerdan que cuando llegamos a conocer la Verdad de Dios, somos liberados. ¿Ha sido usted liberado por esa Verdad? ¿Y está viviendo, y liderando, según las verdades eternas que encuentra en la santa Palabra de Dios? Es de esperar que así sea.

En este día, al cumplir con las responsabilidades que Dios ha puesto delante de usted, hágase esta pregunta: "¿Dan testimonio mis pensamientos y mis acciones de la Verdad suprema que Dios ha puesto en mi corazón, o estoy permitiendo que las presiones de la vida diaria me abrumen?". Es una profunda pregunta que demanda una respuesta… ahora.

⚬⚬ Consejo sabio ⚬⚬

Jesús le ofrece la verdad con V mayúscula. El modo en que responda a su Verdad determinará la dirección, y el destino, de su vida.

Tenemos en Jesucristo un ejemplo perfecto de cómo poner la verdad de Dios en práctica.

Bill Bright

Para los cristianos, Dios mismo es el único absoluto; la verdad y la ética están arraigadas en su carácter.

Charles Colson

La verdad triunfará. El Padre de la verdad vencerá, y los seguidores de la verdad serán salvos.

Max Lucado

Dios se ocupará de que entendamos tanta verdad como estemos dispuestos a obedecer.

Elisabeth Elliot

⚬⚬ Oración ⚬⚬

Padre celestial, que confíe en tu Palabra y en tu Hijo. Jesús dijo que Él era la verdad, y yo lo creo. Que Jesús sea la norma para la verdad en mi vida, de modo que pueda ser yo un digno ejemplo ante otros y un siervo digno para ti. Amén.

¡Siembren para ustedes justicia! ¡Cosechen el fruto del amor, y pónganse a labrar el barbecho! ¡Ya es tiempo de buscar al Señor!, hasta que él venga y les envíe lluvias de justicia.

Oseas 10:12, NVI

EL SISTEMA DE VALORES DEL QUE PUEDE DEPENDER

Desde el momento en que su despertador le despierta en la mañana hasta el momento en que apoya su cabeza sobre la almohada en la noche, sus actos son guiados por los valores que usted más atesora. Y si quiere experimentar las bendiciones de Dios, se asegurará de que sus valores estén moldeados por las promesas de Él.

La sociedad quiere imponer su propio conjunto de valores sobre usted, su familia y sus socios, pero con frecuencia, esos valores son contrarios a la Palabra de Dios (y así contrarios a sus mejores intereses). El mundo promete felicidad, contentamiento, prosperidad y abundancia; pero la abundancia genuina no es un subproducto de estatus o posesiones terrenales; es un subproducto de sus pensamientos, sus actos y su relación con el Creador.

Las promesas del mundo son incompletas y engañosas; las promesas de Dios no fallan. Su reto, entonces, es edificar su sistema de valores sobre el sistema de valores que nunca falla: el sistema de valores de Dios.

⬥❧ CONSEJO SABIO ❧⬥

Usted puede tener los valores que el mundo atesora, o puede tener los valores que Dios atesora, pero no puede tener ambos. La decisión es de usted… y también lo son las consecuencias.

Benditos aquellos que saben para qué están aquí en la tierra y se meten en el negocio de llevarlo a cabo.

Max Lucado

Tristemente, problemas familiares e incluso problemas financieros raras veces son el verdadero problema, sino con frecuencia son el síntoma de un sistema de valores débil o inexistente.

Dave Ramsey

Obtendrá incontables críticas por hacer una prioridad de la voluntad de Dios revelada y presente para su vida por encima de la del hombre… pero, vaya, vale la pena.

Beth Moore

Las discrepancias entre valores y prácticas crean caos en la vida de la persona.

John Maxwell

⬥❧ ORACIÓN ❧⬥

Señor, ayúdame a valorar las cosas en este mundo que son realmente valiosas: mi vida, mi familia y mi relación contigo. Amén.

Mejor es adquirir sabiduría que oro preciado; y adquirir inteligencia vale más que la plata.

Proverbios 16:16, RVR-1960

Adquirir sabiduría

Proverbios 16:16 nos enseña que la sabiduría es más valiosa que el oro. A todos nosotros nos gustaría ser sabios, pero no todos estamos dispuestos a realizar el trabajo que se requiere para llegar a ser sabio. La sabiduría no es como los champiñones; no surge de la noche a la mañana. Ciertamente, es como un roble que comienza siendo un diminuto tronco, crece y finalmente llega hasta el cielo, siendo un árbol alto y fuerte.

Para llegar a ser sabios debemos buscar la sabiduría de Dios y vivir de acuerdo a su Palabra. Para llegar a ser sabios debemos buscar sabiduría con coherencia y propósito. Para llegar a ser sabios no sólo debemos aprender las lecciones de la vida cristiana, sino también vivir de acuerdo a ellas.

¿Quiere vivir, y liderar, de manera recta y sabia? Si es así, debe estudiar la fuente suprema de sabiduría: la Palabra de Dios. Debe buscar mentores dignos y escuchar atentamente sus consejos. Debe relacionarse, día tras día, con mujeres y hombres piadosos. Entonces, a medida que acumule sabiduría, no debe quedársela para usted solo; debe, ciertamente, compartirla con sus amigos, sus familiares y sus socios.

Pero escuche la advertencia: si quiere sinceramente compartir su sabiduría tan duramente obtenida con otros, sus actos deben dar credencial a sus palabras. La mejor manera de compartir la sabiduría que se tiene, quizá la única manera, no es mediante las palabras sino mediante el ejemplo.

⊱ CONSEJO SABIO ⊰

Dios pone su sabiduría a disposición de usted. Su tarea es reconocer, entender y (sobre todo) utilizar esa sabiduría.

El conocimiento es horizontal. La sabiduría es vertical; proviene de lo alto.

Billy Graham

El plan de Dios para nuestra guía es que gradualmente crezcamos en sabiduría antes de llegar a la encrucijada.

Bill Hybels

⊱ ORACIÓN ⊰

Amado Señor, cuando confío en la sabiduría del mundo, con frecuencia me desvío, pero cuando confío en tu sabiduría, edifico mi vida sobre un fundamento firme. Hoy y cada día confiaré en tu Palabra y la seguiré, sabiendo que la sabiduría suprema es tu sabiduría y la verdad suprema es tu verdad. Amén.

Porque incluso cuando estábamos con ustedes, les ordenamos: «El que no quiera trabajar, que tampoco coma».

2 Tesalonicenses 3:10, NVI

SE ESPERA QUE TRABAJEMOS

La Palabra de Dios nos enseña el valor del trabajo duro. En su segunda carta a los Tesalonicenses, Pablo advierte: "El que no quiera trabajar, que tampoco coma". Y el libro de Proverbios proclama: "El que es negligente en su trabajo confraterniza con el que es destructivo" (18:9, NVI). En pocas palabras, Dios ha creado un mundo en el cual la diligencia es recompensada pero no lo es la pereza. Por lo tanto, cualquier cosa que decida hacer, hágala con compromiso, emoción y vigor.

El trabajo duro no es simplemente una manera demostrada de avanzar; también es parte del plan de Dios para usted. Dios no le creó para una vida de mediocridad; le creó para cosas mucho mayores. Extenderse hacia cosas mayores normalmente requiere trabajo, y mucho, lo cual está perfectamente bien delante de Dios. Después de todo, Él sabe que usted está a la altura de la tarea, y tiene grandes planes para usted si posee un corazón amoroso y manos dispuestas.

CONSEJO SABIO

Cuando encuentre trabajo que agrada a Dios, y cuando se aplique concienzudamente al trabajo que tiene ante usted, será recompensado.

Debemos confiar como si todo dependiera de Dios y trabajar como si todo dependiera de nosotros.

C. H. Spurgeon

Dé gracias a Dios cada mañana cuando se levante por tener algo que debe hacerse, le guste o no. El trabajo engendra cientos de virtudes que la ociosidad nunca conoce.

Charles Kingsley

Puede que el día del juicio amanezca mañana; en ese caso, alegremente dejaremos de trabajar para un mejor mañana. Pero no antes.

Dietrich Bonhoeffer

El mundo no considera el trabajo una bendición; por lo tanto, huye de él y lo aborrece, pero el piadoso que teme al Señor trabaja con un corazón listo y alegre, porque conoce el mandato de Dios, y reconoce su llamado.

Martín Lutero

ORACIÓN

Amado Señor, haz que mi trabajo sea agradable a ti. Ayúdame a sembrar las semillas de tu abundancia dondequiera que vaya. Que sea diligente en todas mis empresas, y dame paciencia para esperar tu cosecha. Amén.

Más bien, busquen primeramente el reino de Dios y su justicia, y todas estas cosas les serán añadidas. Por lo tanto, no se angustien por el mañana, el cual tendrá sus propios afanes. Cada día tiene ya sus problemas.

Mateo 6:33-34, NVI

LOS LÍDERES FIELES SE PREOCUPAN MENOS

Debido a que somos seres humanos imperfectos que batallamos con circunstancias imperfectas, nos preocupamos. Aunque nosotros, como cristianos, tenemos la seguridad de la salvación; aunque nosotros, como cristianos, tenemos la promesa del amor de Dios y de su protección, nos encontramos preocupados por las inevitables frustraciones de la vida diaria. Jesús entendía nuestros afanes cuando pronunció las palabras de seguridad que se encuentran en el capítulo 6 de Mateo.

¿Dónde está el mejor lugar donde llevar sus preocupaciones? Llévelas a Dios. Lleve sus problemas a Él; lleve sus debilidades a Él; lleve sus tristezas a Él… y déjelos todos allí. Busque protección de Aquel que le ofrece salvación eterna; edifique su casa espiritual sobre la Roca que no puede ser movida.

Quizá sea usted uno de esos líderes que se preocupan por todo. Si es así, haga de Mateo 6 una parte regular de su estudio diario de la Biblia. Este hermoso pasaje le recordará que Dios sigue sentado en el cielo y que usted es su hijo amado. Entonces, quizá, se preocupará un poco menos y confiará en Dios un poco más, y así debería ser porque Dios es digno de confianza… y usted está protegido.

Consejo sabio

Trabaje duro, ore más duro, y si tiene alguna preocupación, llévela ante Dios, y déjela allí.

El comienzo de la ansiedad es el final de la fe, y el comienzo de la verdadera fe es el final de la ansiedad.

George Mueller

La preocupación es el proceso sin sentido de llenar las oportunidades del mañana de los problemas restantes del presente.

Barbara Johnson

Oración

Amado Señor, dondequiera que me encuentre, que celebre más y me preocupe menos. Cuando mi fe comience a vacilar, ayúdame a confiar más en ti. Entonces, con alabanza en mis labios y el amor de tu Hijo en mi corazón, que viva con valentía, con fidelidad, con oración y con agradecimiento este día y cada día. Amén.

Me alegré cuando me dijeron: «Vayamos a la casa del Señor».

Salmos 122:1, NTV

NUESTRA NECESIDAD DE ADORAR A DIOS

Toda la humanidad participa en la adoración. La pregunta no es si adoramos, sino qué adoramos. Las mujeres y los hombres sabios deciden adorar a Dios. Cuando lo hacen, son bendecidos con una abundante cosecha de gozo, paz y abundancia. Otras personas deciden distanciarse de Dios adorando neciamente cosas que tienen la intención de aportar gratificación personal pero no gratificación espiritual. Tales decisiones con frecuencia tienen trágicas consecuencias.

Si ponemos nuestro amor por las posesiones materiales por encima de nuestro amor por Dios, o si nos rendimos a las incontables tentaciones de este mundo, nos encontramos participando en una lucha entre el bien y el mal, una confrontación entre Dios y Satanás. Nuestras respuestas a esas luchas tienen implicaciones que resuenan en nuestras familias y en nuestras comunidades.

¿Cómo podemos asegurarnos de echar nuestra suerte con Dios? Lo hacemos, en parte, mediante la práctica regular y con propósito de la adoración en compañía de otros creyentes. Cuando adoramos a Dios con fidelidad y fervor, somos bendecidos. Cuando no adoramos a Dios, por cualquier razón que sea, perdemos los regalos espirituales que Él quiere para nosotros.

Debemos adorar a nuestro Padre celestial, no sólo con nuestras palabras sino también con hechos. Debemos honrarlo, adorarlo y obedecerlo. Cuando queremos encontrar propósito y significado para nuestra vida, debemos primero buscar el propósito y la voluntad de Él. Para los creyentes, Dios está primero. Siempre primero.

⟨⟨⟨ CONSEJO SABIO ⟩⟩⟩

Cuando adora a Dios con un corazón sincero, Él guiará sus pasos y bendecirá su vida.

Soy de la opinión de que no deberíamos interesarnos por trabajar para Dios hasta que hayamos aprendido el significado y el deleite de adorarlo.

A. W. Tozer

Cuando Dios está en el centro de su vida, usted adora. Cuando no lo está, usted se preocupa.

Rick Warren

⟨⟨⟨ ORACIÓN ⟩⟩⟩

Amado Señor, este mundo es un lugar de distracciones y tentaciones. Pero cuando te adoro a ti, Padre, tú enderezas mi camino y mi corazón. Que este día y cada día sean un tiempo de adoración. Ayúdame a encontrar momentos de quietud para alabarte por tus bendiciones, por tu amor y por tu Hijo. Amén.

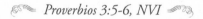

*Confía en el Señor de todo corazón,
y no en tu propia inteligencia.
Reconócelo en todos tus caminos,
y él allanará tus sendas.*

Proverbios 3:5-6, NVI

WORTHY®
Latino

Si le gustó este libro,
¿consideraría compartir el mensaje con otros?

- Mencione el libro en un post en Facebook, un update en Twitter, un pin en Pinterest, o una entrada en un blog.

- Recomiende este libro a quienes están en su grupo pequeño, club de lectura, lugar de trabajo y clases.

- Visite Facebook.com/WorthyPublishingLatino, dé "ME GUSTA" a la página, y escriba un comentario sobre lo que más le gustó.

- Escriba un Tweet en @WorthyPubLatino sobre el libro.

- Entregue un ejemplar a alguien que conozca y que sería retado y alentado por este mensaje.

- Escriba una reseña en amazon.com, bn.com, goodreads.com o cbd.com.

Puede suscribirse al boletín de noticias de Worthy Latino en WorthyLatino.com

 PÁGINA EN FACEBOOK
DE WORTHY LATINO

SITIO WEB DE
WORTHY LATINO